見解の相違を解消するヒント

最新の裁決例が解き明かす5つの視点

Deloitte.
Legal

DT弁護士法人
弁護士・税理士・ニューヨーク州弁護士
北村 豊【著】

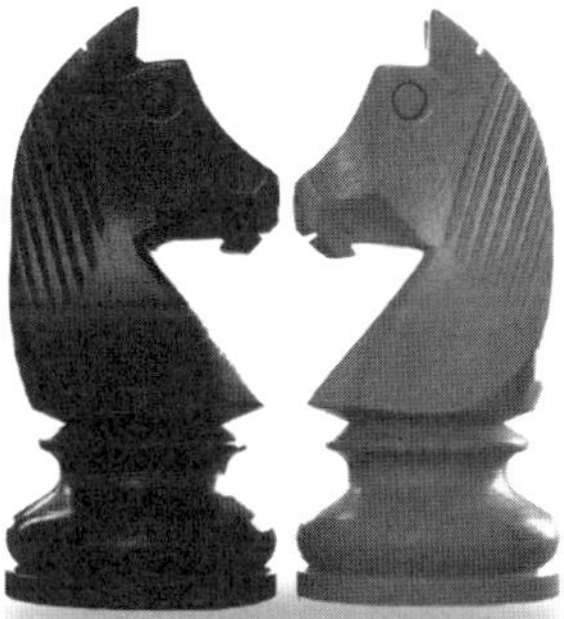

中央経済社

はしがき

「ウチの立場を何度説明しても、全然納得してもらえないんですわ。見解の相違ということで、修正申告しますか?」

「今回は期ズレじゃないし、税額ベースで5000万よ。このまま否認されるんだったら、審判所にちゃんと判断してもらったらどうかしら」

最近、税務調査の現場では、変化の兆しを感じます。もし争えば納税者の見解が認められるかという質問が増えてきたのです。

従来から、納税者は、税務調査の中で追徴される税額を減らすことに全力を注ぎ、税務当局と協議を重ねて、必死に落としどころを探ってきました。

しかし、どうしても納得してもらえない場合は、見解の相違だからしょうがないということで、あきらめて修正申告する納税者が多かったのではないでしょうか。

それが、修正申告をする前に、立ち止まって考える納税者が増えてきたように思います。

問題は、もし争えば納税者の見解が認められるかどうかを、どう判断すればよいかです。

税務調査における見解の相違のほとんどは、事実認定の問題です。そして、事実認定に関する見解の当否は、最終的には、審判所・裁判所が証拠を評価して決めます。

もっとも、納税者と代理人の間では、事実認定の基本的な手法が必ずしも共有されていないように思います。

そこで、本書は、まず、事実認定のフレームワークを提示します。次に、最新の裁決例を20件取り上げて、見解の相違を解消するヒントを紹介します。そして、事実認定のフレームワークを活用して、最新の裁決例が解き明かす勝負を決めた5つの視点について解説します。

裁決例は、事実認定の問題について判断を下しているものが多いので、証拠の評価に関するヒントの宝庫といえます。

本書では、審判所の判断を分かりやすく紹介することを心掛けましたので、目の前の問題について納税者の見解が認められるかどうかを判断する際に、参考になれば幸いです。

税務調査の現場において、証拠の評価を通じて、客観的・論理的に見解の相違を解消することを目指す納税者と代理人を応援します。

令和４年11月

北村　豊

〔目　次〕

第Ⅱ章　見解の相違を解消するヒント……21

目　次

〔凡例〕

通法：国税通則法
所法：所得税法
所通：所得税基本通達
法法：法人税法
消法：消費税法
相法：相続税法
相通：相続税法基本通達
措法：租税特別措置法
関定法：関税定率法
旧民法：民法（平成29年法律第44号による改正前のもの）

第Ⅰ章

見解の当否は証拠の評価で決まる

1 見解の相違のほとんどは事実認定の問題です

皆さんは、見解の相違があると聞いたとき、どんなケースを思い浮かべますか?

ルールの読み方について、納税者と税務当局の見解に相違があるケースでしょうか?

例えば、ある取引を行った場合に納税義務を負うかどうかを定めるルールの読み方について、見解の相違があるケースでしょうか?

見解の相違という言葉から、そんなケースを思い浮かべる方が多いかもしれません。

しかし、税務調査の現場感覚からすると、ルールの読み方について見解の相違があるケースは、限定的です。ルールの読み方については、見解が一致していることが多いのです。

それでは、見解の相違があるケースとは、どんなケースなのでしょうか?

実は、税務調査における見解の相違のほとんどは、事実認定の問題です。税金のルールを当てはめる上で前提となる事実の有無について見解の相違があるケースが、ほとんどなのです。

例えば、ある取引を行った場合に納税義務を負うことについては、見解が一致しているのですが、納税者がその取引を行ったかどうかについて、見解の相違があるケースが挙げられます。

「なるほど、事実認定について見解の相違が生じるのか。でも、事実があったかどうかなん

見解の相違の中身

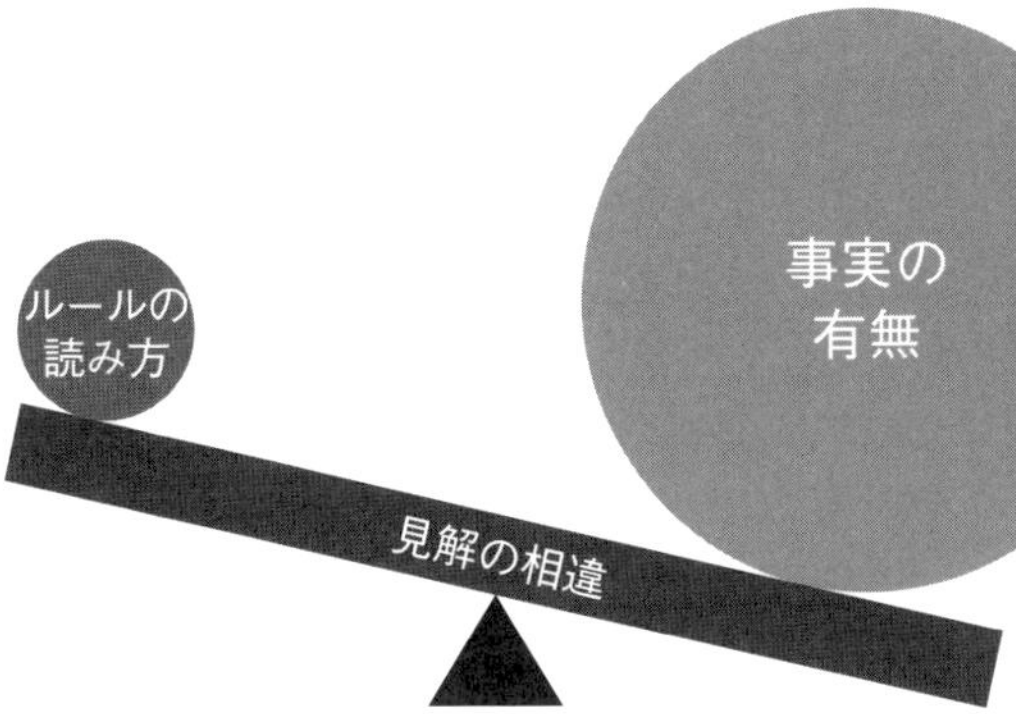

て、どうやって決めたらいいの？」

もっともな疑問です。税務の取扱いに関する情報は世の中に溢れていますが、税務の事実認定に関する情報は、あまり知られていないからです。

もし皆さんがシャーロック・ホームズのような名探偵だったら、きっと事実認定に悩むことはないでしょう。目にしたものから自由自在に推理して、たちどころに真相を解明することができるからです。

しかし、それは、（私も含め）普通の人にはとても真似のできない芸当です。

そこで、本書では、誰でも使えるシンプルな事実認定のフレームワークを考えてみました。

2 4つのコンセプトを用いて事実を推理しよう

事実認定に関する見解の当否は、最終的には、審判所・裁判所が証拠を評価して決めます。そうすると、納税者としては、審判所・裁判所が、どのように証拠を評価して事実の有無を決めていくのかを考えればよいはずです。

ここでは、裁判官・検察官・弁護士の卵である司法修習生の教科書に載っている事実認定の手法からエッセンスを抽出して、誰でも使える事実認定のフレームワークとして提示することにしました。それが、①証明すべき事実、②ストーリー、③動かし難い事実、④経験則という、4つのコンセプトを用いて事実を推理していくフレームワークです。

まず、4つのコンセプトの意味を説明します。

①証明すべき事実とは、想定される課税処分との関係で争いのある、証明が必要な事実（課税要件事実）をいいます。目の前に見解の相違があるときは、まず、この証明すべき事実を特定し、どこに争いがあるのかを明確にすることが出発点となります。

②ストーリーとは、証明すべき事実の有無を説明できるような、より具体的な物語をいいます。見解の相違があるときは、納税者と税務当局とで、証明すべき事実に関するストーリーが

事実認定のフレームワーク

①　証明すべき事実	想定される課税処分との関係で争いのある、証明が必要な事実
②　ストーリー	証明すべき事実の有無を説明できるような、より具体的な物語
③　動かし難い事実	争いのない事実や、証拠から確実に分かる事実
④　経験則	こういう場合は通常こうなるというような、経験から得られる法則

異なっているはずです。双方のストーリーを具体的に把握して、どちらが正しいかを検証していくのが、事実認定の基本的なアプローチとなります。

③動かし難い事実とは、争いのない事実や、証拠から確実に分かる事実をいいます。ストーリーが線だとすると、その線上に、あるいはその周辺に、納税者と税務当局とで争いのない事実や、契約書などの客観的な証拠から確実に分かる事実が、一連の点として存在しているはずです。この一連の、動かし難い事実をより合理的に説明できるのはどちらのストーリーかを検討すると、証明すべき事実の有無が見えてきます。

④経験則とは、こういう場合は通常こうなるというような、経験から得られる法則をいいます。ある証拠や事実から別の事実が存在するといえるかどうかを推理するロジックといってもよいでしょう。この経験則をもとに、ある事実が動かし難い事実といえるか、あるいは、動かし難い事実をより合理的に説明できるのはどちらのストーリーかを考えていくわけです。

それでは、次に、この事実認定のフレームワークを、具体例に当てはめて考えてみましょう。

3 実際の裁決例に当てはめて考えてみよう

ここでは、第Ⅱ章で紹介する裁決例❶（23頁）を具体例として説明します。

この裁決例では、取引先が、売主から馬を一旦購入し、納税者に対して同じ馬を転売していました。ところが、税務当局は、納税者は売主から直接馬を購入していたとして、課税処分をしました。このケースに、事実認定のフレームワークを当てはめると、どうなるでしょうか？

まず、①証明すべき事実は、納税者と取引先が馬を売買する合意をした事実の有無です。

納税者と税務当局との間で、この事実の有無について争いがあるため、どちらが正しいかを明らかにする必要があります。ただ、証明すべき事実は、やや抽象的なので、そのままだとどのように認定すればよいか、ちょっと戸惑ってしまいます。

証明すべき事実の有無を認定する手助けとなるのが、②ストーリーです。

納税者と取引先は、実際に馬を売買するつもりで、契約書を作成して判子を押し、契約書の定めに従って、馬を引き渡し、代金を支払ったというのが、納税者のストーリーとなります。

他方、納税者と取引先はグルになって、ウソの契約書を作成しただけであり、納税者は実際

フレームワークの当てはめ

①　証明すべき事実	納税者と取引先が馬を売買する合意をした事実の有無
②　ストーリー （納税者のストーリー）	納税者と取引先は、実際に馬を売買するつもりで、契約書を作成して判子を押し、契約書に従って、馬を引き渡し、代金を支払った
③　動かし難い事実	契約書に納税者と取引先の判子が押されていること
④　経験則	・判子はしっかりと管理し、通常は理由もなく他人に使わせない ・ヒトは契約書の内容を認識した上で、判子を押すのが通常である

には売主から直接馬を購入したというのが、税務当局のストーリーとなるでしょう。双方のストーリーを具体的に把握すれば、どちらのストーリーが正しいか、検証しやすくなります。

ストーリーの検証の手掛かりとなるのが、③動かし難い事実です。

本件では、契約書に納税者と取引先の判子が押されていることが、動かし難い事実となります。これは、客観的な証拠として提出されている契約書をみれば一目瞭然なので、確実に分かる事実といえるでしょう。

この動かし難い事実をより合理的に説明できるのはどちらのストーリーかを考えるときの推理のロジックが、④経験則です。

日本では、自分の判子はしっかりと管理するので、通常は理由もなく他人に使わせないという経験則があります。したがって、契約書に納税者と取引先の判子が押されているときは、通常は、双方がそのつもりで判子を押したものと推理することができます。また、ヒトは、契約書の内容が確定した後に、それを認識した上で判子を押すのが通常であるという経験則があります。したがって、双方がそのつもりで判子を押したときは、通常は、双方が契約書をそのとおりに作成したものと推理することができます。

このように経験則を用いれば、契約書に納税者と取引先の判子が押されているという動かし難い事実をより合理的に説明できるのは納税者のストーリーだから、納税者と取引先が馬を売買する合意をした事実はあった、というように認定することができます。

ただし、経験則は、常にそうなるというものではなく、そうならない場合もあるので、経験則を適用するときは、目の前のケースにその経験則が当てはまるかどうかをよく考える必要があります（裁決例❶は、他の事実の検討を含め、もう少し詳細に認定しています。）。

「そうか、こうやって事実の有無を決めていくのか。でも、いちいち、４つのコンセプトを用いて推理しなくても、直感で分かっちゃうこともあるよね」

そのとおりです。ケースによっては、わざわざ事実認定のフレームワークを使って考えるまでもなく、証明すべき事実の有無が分かってしまうことも多いでしょう。

もっとも、事実関係が錯綜しているような、込み入った複雑なケースでは、この事実認定のフレームワークを当てはめて考えてみると、より客観的かつ論理的に、証拠や事実から推理して、証明すべき事実の有無を明らかにしていくことができます。

そして、もし争えば納税者の見解が認められるかどうかが見えてくるというわけです。

4　裁決例は証拠の評価に関するヒントの宝庫

ところで、税務当局は、税務調査を通じて、納税者に対し課税処分をすべきか否かの第一次的な判断をします。これに対し、納税者は、審判所（国税不服審判所）に審査請求をすれば、行政庁としての最終判断を求めることができます。

審査請求を受けた審判所は、納税者と税務当局の双方から、課税処分に関するそれぞれの見解をよく聞いた上で、その見解の当否を、証拠を評価して判断します。審査請求の現場感覚からすると、審判所は、特に事実認定の問題については、実際に公正な第三者のレフェリーとして機能しているといってもよいでしょう。

この審判所が示した判断を、裁決といいます。これまでに審判所が下した裁決は、裁決例と呼ばれています。裁決例には、審判所がそのように判断した理由が説明されていますので、裁決例を読めば、審判所がどのように証拠を評価して事実認定をしたかがよく分かります。

審判所の役割

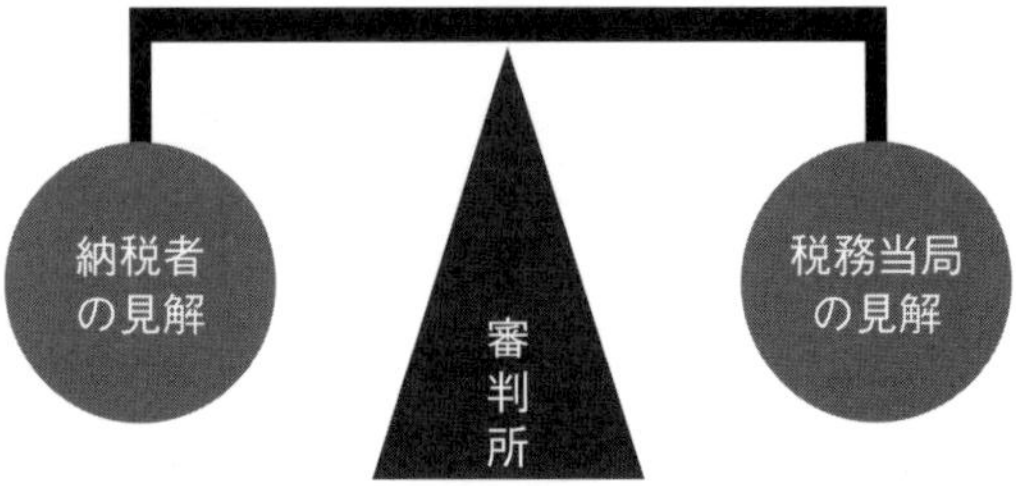

第Ⅰ章では、事実認定の手法のエッセンスを、①証明すべき事実、②ストーリー、③動かし難い事実、④経験則という、4つのコンセプトにより事実を推理していくフレームワークとして提示しましたが、裁決例には、この4つのコンセプトに関するヒントがつまっています。そのため、裁決例は、証拠の評価に関するヒントの宝庫といえます。

審判所は、重要な裁決例をホームページで公表しています。そこで、第Ⅱ章では、公表されている最新の裁決例を20件取り上げて、証拠の評価に関するヒントを中心に、見解の相違を解消するヒントを紹介していくことにします。

第Ⅱ章

見解の相違を解消するヒント

1 契約書の判子が推理の出発点

本節では、次の４つの裁決例について検討を加えていくことにします。

裁決例❶：契約書の定めが出発点
（令和２年５月19日裁決・裁決事例集Ｎｏ．１１９）

裁決例❷：その収益は誰のもの？
（令和２年12月15日裁決・裁決事例集Ｎｏ．１２１）

裁決例❸：確実と認められる債務か？
（令和３年６月17日裁決・裁決事例集Ｎｏ．１２３）

裁決例❹：贈与契約が有効に成立していたか？
（令和３年９月17日裁決・裁決事例集Ｎｏ．１２４）

裁決例❶　契約書の定めが出発点

令和2年5月19日裁決・裁決事例集Ｎｏ．119

〈納税者が行った取引〉

■取引先を通じて馬を購入したかどうか

「いい馬を見つけたら買ってきてよ。頼む」
「分かったわ。ワタシに任せて」

今回の納税者は、所有する馬を競馬で走らせて賞金を得る事業を行っている個人馬主です。納税者は、取引先に対し、農協が開催するオークションで落札する候補となる馬を調査・推薦する業務を依頼しました。取引先は、平成27年と29年において、オークションを通じて複数の馬を落札し、売主との間で売買契約を締結してその馬を購入し、代金を消費税と共に支払いました。その後、納税者は、取引先との間で売買契約を締結して同じ馬を購入し、代金を消費税と共に支払いました。

納税者が取引先に支払った代金は、取引先が売主に支払った代金よりも、1頭当たり平均

馬の取引の流れ

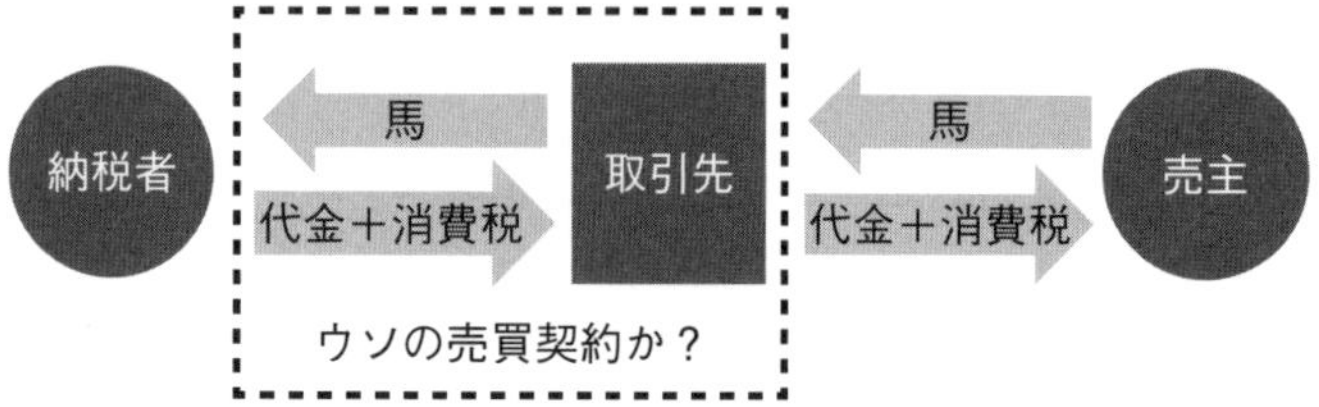

50万円ほど高額でした。また、消費税は代金に応じて金額が決まるため、納税者が取引先に支払った消費税も、取引先が売主に支払った消費税よりも高額でした。

一般に、個人馬主としての事業を行っているヒトは、馬を競馬で走らせて得た賞金に課される消費税を申告して納める必要があります（消法5①）。もっとも、消費税の累積を避けるために、納めるべき消費税から、馬の購入に係る消費税を差し引けることとされています（消法30①）。そこで、納税者は、取引先に支払った消費税を納めるべき消費税から差し引いて申告しました。

本件で問題となったのは、取引先を通じて馬を購入したというのはウソで、ホントは、納税者は売主から直接に馬を購入していたのではないかという点でした。

■取引先とグルになってウソをついた場合

ところで、もし、納税者が、ホントは取引先から馬を購入するつもりがないにもかかわらず、取引先とグルになって、ウソの売買契約を締結したとすると、法務の世界ではどうなるでしょうか。税務から離れて考えてみましょう。

法務の世界では、相手方と通じてしたウソの意思表示は、無効とされています（民法94①）。そのため、ホントはそのつもりがないのに、取引先とグルになってウソの売買契約を締結した場合は、その売買契約は無効なものとされます。

このことは、実は、税務の世界でも同じです。法務の世界で無効とされた売買契約は、税務の世界でも無効なものとして税金の有無や金額を考えることになるのです。

〈税務当局が下した処分〉

■消費税を増やす処分

「ホントは売主から直接に馬を購入していたのではないかしら？　納税者には、取引先に利益を与える動機があるよね」

税務当局は、納税者が取引先を経由して馬を購入したことについて疑問を抱きました。納税者が、取引先の代表者とホテルの同室で宿泊するくらい仲良しだったからです。

もし、納税者が売主から直接に馬を購入していたとすると、納税者が納めるべき消費税から差し引けるのは、取引先が売主に支払った消費税までであり、納税者が取引先に支払った高額の消費税との差額については差し引くことはできません。その結果、納税者が納めるべき消費

時系列のイメージ

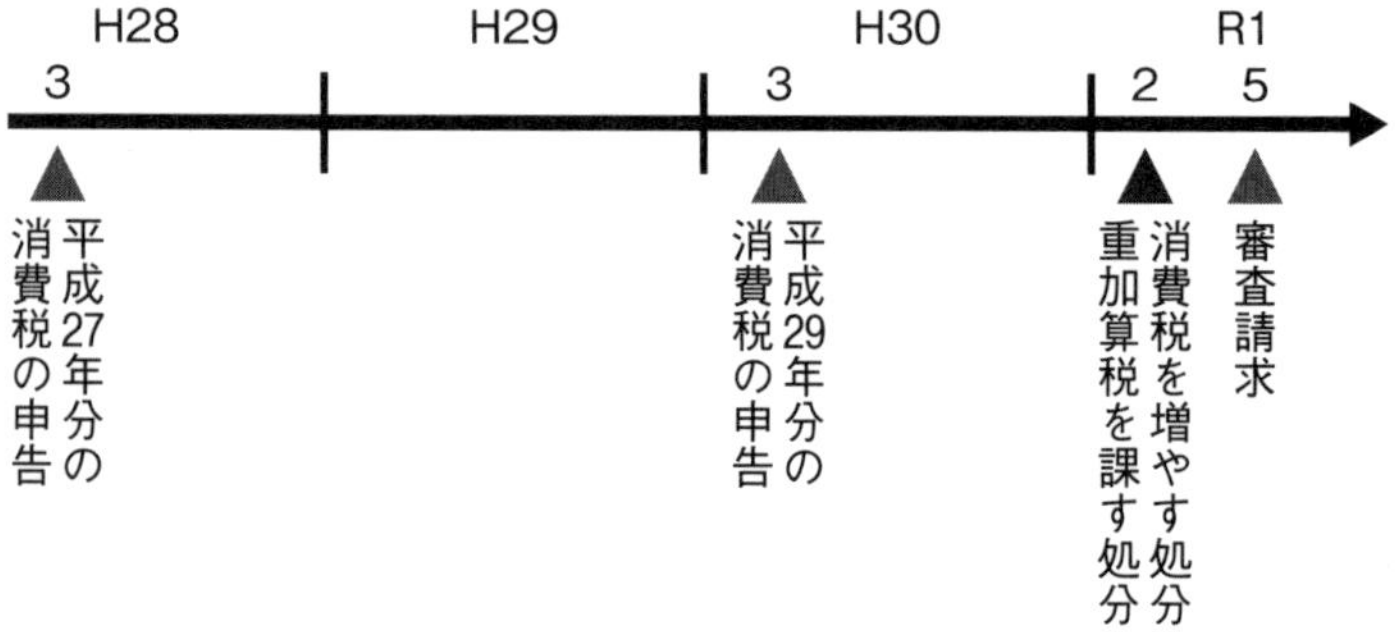

税は増えることになります。そこで、税務当局は、納税者の消費税を増やす処分をしました。

■重加算税を課す処分

しかし、税務当局の処分は、それだけでは済みませんでした。

「取引先とグルになってウソの売買契約を締結したのは、極めて悪質だ！」

納税者が、消費税の計算のベースとなるべき事実を仮装し、その仮装したところに基づき申告書を提出していたときは、税率の高い重加算税が課されます（通法68①）。税務当局は、納税者がウソの売買契約を締結して仮装したと考えて、重加算税を課す処分もしました。

しかし、納税者は、ウソの売買契約を締結したつもりは毛頭ありませんでした。そこで、審査請求をしました。

〈審判所が示した判断〉

■まず契約書の定めから検討を始めた

さて、審判所はどう判断したでしょうか？

まず、審判所は、納税者と取引先との間の契約書の定めから検討を始めました。この契約書には、確かに、納税者と取引先が馬の売買をすることに合意したと定められていました。また、この契約書には、納税者と取引先の判子が押されており、正しく締結されていました。それゆえ、審判所は、売買契約がちゃんと成立している以上、取引先とグルになってウソの契約書を作成したというような特別な事情がない限り、無効にはならないと判断しました。

次に、審判所は、そのような特別な事情があるかどうかを検討しました。納税者は、契約書の定めに従って、実際に代金を支払っていました。そのため、売買契約は、契約書の定めのとおりに履行され、納税者と取引先との間の取引が実際に行われていたと判断しました。

また、納税者は、取引先の株主や役員ではなく、また、取引先に対して利益を供与するような特別な関係があったとまではいえませんでした。それゆえ、納税者と取引先には、グルになってウソの契約書を作成するのに十分な動機があったとまではいえないと判断しました。

■不自然・不合理な取引か

困った税務当局は、納税者と取引先との間の取引は不自然・不合理だと主張しました。納税者が取引先に支払う代金が、馬を落札してから最短で1日という短期間で決定されており、しかも、その代金の計算根拠がないから不自然・不合理だというわけです。

しかし、納税者が取引先に支払った代金には、取引先が売主に支払った代金に、馬1頭当たりおおむね同じくらいの金額が上乗せされていました。納税者は、取引先に対し、落札する候補となる馬を調査・推薦する業務を依頼していたので、その業務の料金を上乗せしたものと見ることもできました。

また、この業務の内容からすると、取引先は、馬を落札する前には、その馬の調査・推薦する業務の履行が終わっていたことになります。そうすると、馬を落札してから最短で1日という短期間で代金を決定したとしても、取引が不自然・不合理とまではいえません。そして、馬1頭当たりおおむね同じくらいの金額が上乗せされていたことからすると、代金について計算根拠がないとまではいえません。

そこで、審判所は、取引先とグルになってウソの契約書を作成したというような特別な事情がないので、売買契約は、契約書の定めどおりに有効に成立しているとして、消費税を増やす処分も重加算税を課す処分も取り消しました。

〈見解の相違を解消するヒント〉

■契約書の定めが出発点

税務調査では、ある取引がホントの取引か、それともウソの取引かが問題となることがあります。ある取引について契約書が存在し、きちんと押印もされているのですが、税務当局の目には不自然・不合理なものに見えるという場合が典型例です。

そんなとき、審判所が検討の出発点とするのは、契約書の定めです。審判所は、神様ではないので、その取引に関する事実を何も知りません。それゆえ、ホントの取引かウソの取引かについて見解の相違がある場合、まずは、客観的な証拠となる契約書の定めを出発点として判断していくのが確実というわけです。

本件でも、審判所が、まず契約書の定めから検討を始めたのは、当然の成り行きということになります。もっとも、それはあくまでも出発点に過ぎませんので、検討の結果、契約書の定めが否定されることはあり得ます。

■契約書の定めが否定される場合

本件では、審判所は、契約書の定めを出発点として、それに契約の履行状況が符合しているかどうかを確認しました。その結果、契約書の定めと契約の履行状況が符合していることから、契約書の定めどおりに取引が実際行われたものと判断しました。

このように、契約の履行状況が契約書の定めと符合する場合は、その定めどおりにホントの取引が行われたとされることが多いでしょう。

他方、審判所は、納税者と取引先がグルになってウソの契約をする動機があるか、取引が不自然・不合理かどうかも検討しましたが、結論としては否定しました。

多少不純な動機があったり、取引に自然で合理的ではない点があったりしたとしても、それだけで契約書の定めを否定し、ウソの取引と判断するのは容易ではないことが分かります。

裁決例❷　その収益は誰のもの？

令和２年12月15日裁決・裁決事例集Ｎｏ．１２１

〈納税者が行った取引〉

■リゾート施設の跡地に関する３社契約書

「アンタは、地権者と顔見知りだから、買収は任せるわ」
「じゃあ、地権者からの買収はウチがやるよ」

今回の納税者は、３月決算の土木建築会社です。広大なリゾート施設の跡地を所有していましたが、その跡地の一部は、第三者の地権者が所有していました。その地権者は、買収会社の代表者と顔見知りでした。

他方、発電事業会社は、太陽光発電設備を設置できる広い土地を探しており、このリゾート施設の跡地を、第三者の土地も含めて譲り受けることを希望していました。そこで、納税者と買収会社と発電事業会社は、平成23年11月に３社契約書を締結し、納税者は自社が所有する土地を発電事業会社に譲渡し、買収会社は第三者から土地を買収して発電事業会社に譲渡するこ

売買当事者の関係

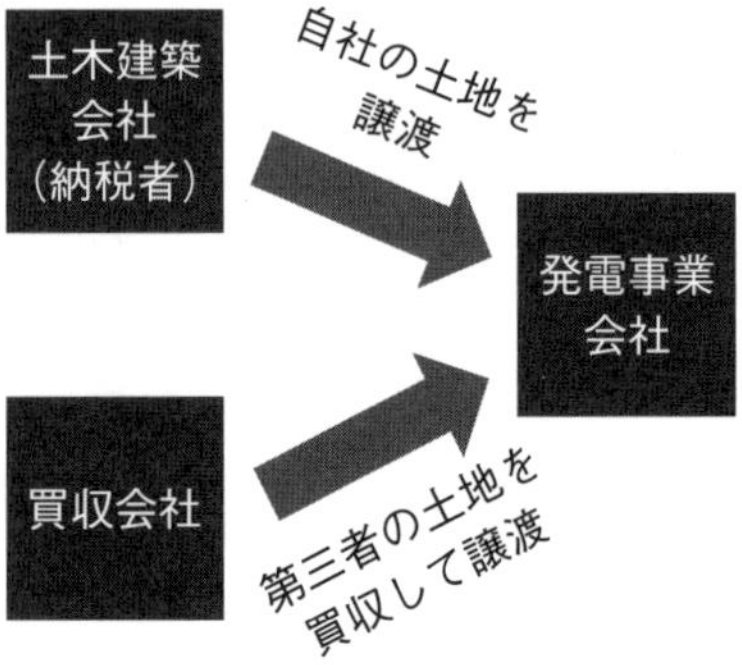

とになりました。

問題となったのは、第三者の土地の売買収益は、納税者のものか、それとも買収会社のものかです。どちらが、自分の収益として所得に加えて法人税の申告をしなければならないかが争いになりました。

■収益は実質的にそれを享受する法人のもの

ところで、法人税法上、資産又は事業から生ずる収益の法律上帰属するとみられる者が単なる名義人であって、その収益を享受せず、その者以外の法人がその収益を享受する場合には、その収益は、これを享受する法人に帰属するものとして、法人税法を適用するものとされています（法法11）。

例えば、納税者が、単に買収会社の名前を借りて第三者の土地を譲渡する契約を締結し、発電事業会社もそのことを知っていたとしましょう。この場合、契約書の書面上は、買収会社が形式的に契約当事者であるようにみえますが、私法上は、納税者が契約当事者となって実質的に第三者の土地の売買収益を享受すると考えられます。したがって、この売買収益は納税者のものとされ、納税者が自らの所得に加えて法人税を申告すべきことになるのです。

〈税務当局が下した処分〉

■買収会社は何もしていなかった？

「買収会社の代表者は、平成20年にリゾート施設の跡地を納税者に売却した後、買収会社は何もしていないと言ってますよ」

「しかも、平成19年度以降は、買収会社は法人税の申告書を提出していないじゃないか」

「発電事業会社の代表者も、買収会社は実体のない会社で、契約の相手方は納税者だと考えていたそうよ」

税務当局は、納税者に対する税務調査の中で、取引の相手方である買収会社と発電事業会社から、買収会社の状況について情報収集した結果、買収会社の実体の有無について疑問を持ち、さらに調査を進めました。

時系列のイメージ

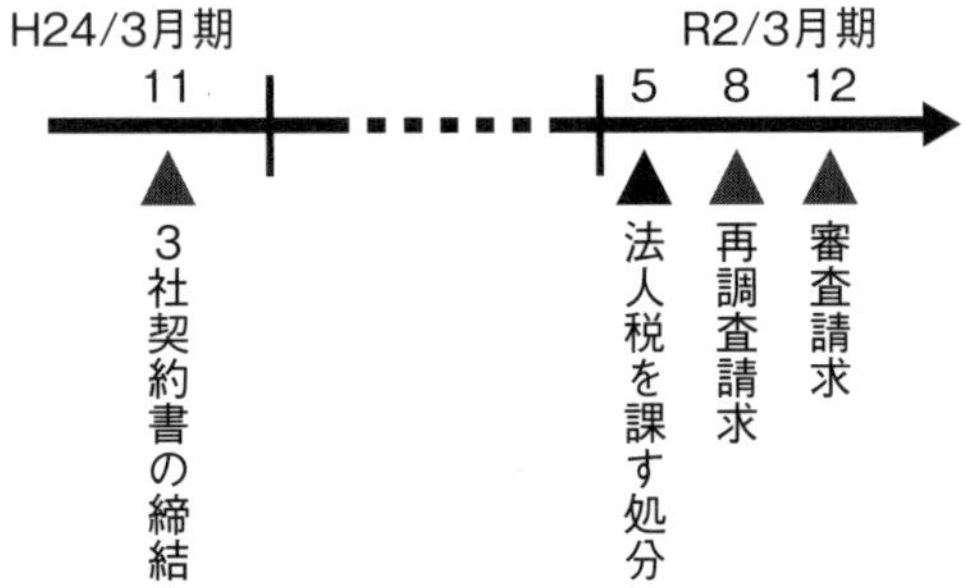

■カネの流れも検討して、処分を下した

「買収会社は、第三者の土地の売買に係る経費を支払っていないようだな」

「リゾート施設の跡地の売買代金は、納税者名義の預金口座か、納税者が管理していた預金口座に入金されているわ」

税務当局は、リゾート施設の跡地の売買契約は、第三者の土地も含めて一体となった一つの契約なので、売買収益は納税者又は買収会社のいずれか一方のものと考えました。そして、買収会社は実体が乏しく、売買代金も納税者に流れているので、リゾート施設の跡地の売買収益は、第三者の土地の売買収益も含め、全て納税者のものとして、納税者の所得に加えて法人税を課す処分をしました。

しかし、納税者は、第三者の土地の売買収益は、買収会社のものと考えていました。そこで、審査請求に踏み切りました。

〈審判所が示した判断〉

■事業から生ずる収益は誰のものかの判断基準

さて、審判所はどう判断したでしょうか？

まず、収益は実質的にそれを享受する法人のものであるという法人税法の定めは、法律上の所得の帰属の形式とその実質が異なるときには、実質に従って租税関係が定められるべきであるという租税法上の当然の条理を確認的に定めたものであると理解しました。

そのため、事業から生ずる収益が誰のものかは、その事業の遂行に際して締結される契約が誰の名前でなされたかだけでなく、取引に係るその他の諸事情を総合勘案して、その事業の主体は誰であるかにより判断すべきとしました。

次に、審判所は、リゾート施設の跡地に関する3社契約書の記載を確認しました。

3社契約書においては、リゾート施設の跡地のうち第三者の土地を除く部分を譲渡する債務を負う者として納税者の名前が記載され、納税者の代表者の記名と共に代表者印が押印されていました。他方、第三者の土地を譲渡する債務を負う者として買収会社の名前が記載され、買収会社の代表者の記名と共に代表者印が押印されていました。

そのため、納税者及び買収会社は、発電事業会社との間で、それぞれその意思に従って、それぞれ別の債務を負う内容の契約を締結したものと審判所は認定しました。

■その他の諸事情も総合勘案して判断した

その上で、審判所は、その他の諸事情についても検討しました。買収会社は、3社契約書を締結した当時、登記された法人格を有する会社として存在しており、従業員もいました。また、第三者の土地には、従前から買収会社を地上権者とする地上権設定登記がされており、3社契約書の締結当時においても地上権設定登記が有効に存在していました。

また、第三者の土地を買収する業務は、買収会社の代表者の指示の下で、買収会社の従業員が行っていました。そのため、第三者の土地を売買する事業の主体は買収会社であり、その収益は買収会社のものであると審判所は認定しました。

これに対し、税務当局は、①買収会社の代表者が、平成20年頃以降、買収会社は何もしていないと述べていたこと、②買収会社は、平成19年度以降、法人税の申告書を提出していないこと、③買収会社は、第三者の土地の売買に係る経費の支払を行っていないこと、④3社契約書に係る代金が、納税者名義の預金口座又は納税者が管理していた預金口座に入金されていること、⑤発電事業会社の代表者が、3社契約書の相手方は納税者であると考えていたと述べたことから、第三者の土地の売買収益は納税者のものだと主張しました。

しかし、これらの事実は、いずれも第三者の土地の売買に係る実質的な事業の主体が買収会社であったことと必ずしも矛盾するものではないので、これらの事実からだけでは、第三者の土地の売買に係る事業の主体が納税者だったと認めることはできないとして、審判所は、法人税を課す処分を取り消したのです。

＜見解の相違を解消するヒント＞

■誰の名前で契約したかだけでは決まらない

事業から生ずる収益が誰のものかは、誰の名前で契約したかだけでは決まりません。結局のところ、取引に係る諸事情を総合勘案して、その事業の主体は誰であるかにより判断すべきとされているので、一見、捉えどころがないようにみえます。

実際、従業員の名前で契約をしたが、事業から生ずる収益は、その従業員が所属する会社のものであると判断した裁決例もあります（平成30年6月28日裁決・裁決事例集No．111）。

とはいえ、納税者が、事業から生ずる収益は、契約当事者として名前が記載された法人のものと主張する場合は、自らの主張を客観的な契約書をベースに立証していくことができるので、主張・立証がしやすくなります。

■納税者は契約書をベースに手堅く立証した

本件では、納税者が、第三者の土地の売買収益は、その土地を譲渡する債務を負う者として3社契約書に名前が記載された買収会社のものと主張したケースでした。そのため、契約書の定めどおりに買収業務が実施されていることを手堅く立証していくことができました。

他方、税務当局は、契約書をベースに立証することはできません。買収会社の実体やカネの流れに関する事実関係を積み上げて、事業の主体は納税者であることを立証していかざるを得ないわけです。

結局、税務当局は、決定的な証拠を提示することができず、納税者の手堅い立証に対し、有効な反論をすることができませんでした。

裁決例❸　確実と認められる債務か？

令和3年6月17日裁決・裁決事例集No．123

〈納税者が引き受けた債務〉

■お父さんに建物を売って、代金を貸し付けた

「お父さんに建物を売って、代金を貸し付けたことにするだけで、節税になるんですわ」
「ほんまでっか？　ほな、善は急げや」

今回の納税者は、平成26年12月に亡くなったお父さんの息子です。納税者は、お父さんとお母さんが所有する土地の上に、自分の建物を新築して所有していました。その後、納税者は、とある税理士法人から、お父さんに建物を売って、その代金を貸し付けたことにすれば、相続税を減らせると提案されました。

これを真に受けた納税者は、お父さんが亡くなる数か月前に、お父さんに対し、建物をその取得価額をベースに算定した1億3000万円の代金で売る契約書と、その代金を貸し付けたことにする契約書を締結しました。

建物の売却と代金の貸付け

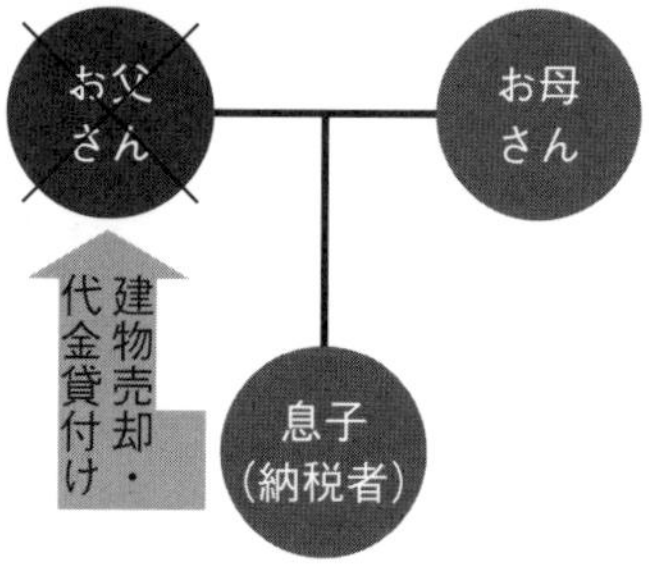

そして、お父さんが亡くなった後、納税者は、相続によりその建物を取得し、お父さんの1億3000万円の債務を引き受けたとして、相続税の申告をしましたが、相続した建物の評価額は、相続税の財産評価の基準に従って4000万円としました。

問題は、納税者が相続により取得した財産の価額から、引き受けた債務額である1億3000万円を差し引くことができるかどうかです。

■確実と認められる債務に限られている

相続税は、それぞれの相続人が相続により取得した財産の合計額をベースに計算されますが、相続開始の際に現に存在する被相続人の債務のうち相続人が負担することとした部分の金額は、その相続人が取得した財産の価額から差し引くことができます（相法13①一）。

ただし、差し引くことができるのは、確実と認められる債務に限られています（相法14①）。また、財産の価額から差し引くことができる債務の金額は、相続が開始した時の現況によることとされています（相法22）。

そのため、お父さんの1億3000万円の債務は確実と認められる債務といえるか、また、仮に確実と認められる債務であるとしても、財産の価額から差し引くことができる債務の金額はいくらかが問題となったのです。

〈税務当局が下した処分〉

■確実と認められる債務ではないとして処分

「なんだ、この提案は。これで相続税が節約できるなんて、絶対おかしいやろ！」

「お父さんの債務は、結局、消滅してるから、確実と認められるわけないやんか」

税理士法人の提案によると、お父さんに対し、建物をその取得価額をベースに算定した1億3000万円の代金で売ってその代金を貸し付けたことにし、相続の開始後、納税者が遺産分割によりその建物を取得して1億3000万円の債務を引き受けた場合、相続した建物の評価額を4000万円とすると、1億3000万円と4000万円の差額である9000万円分だけ、相続により取得した他の財産の価額から差し引けることになります。

つまり、建物の取得価額をベースに算定した代金と相続税の財産評価の基準に従った評価額

時系列のイメージ

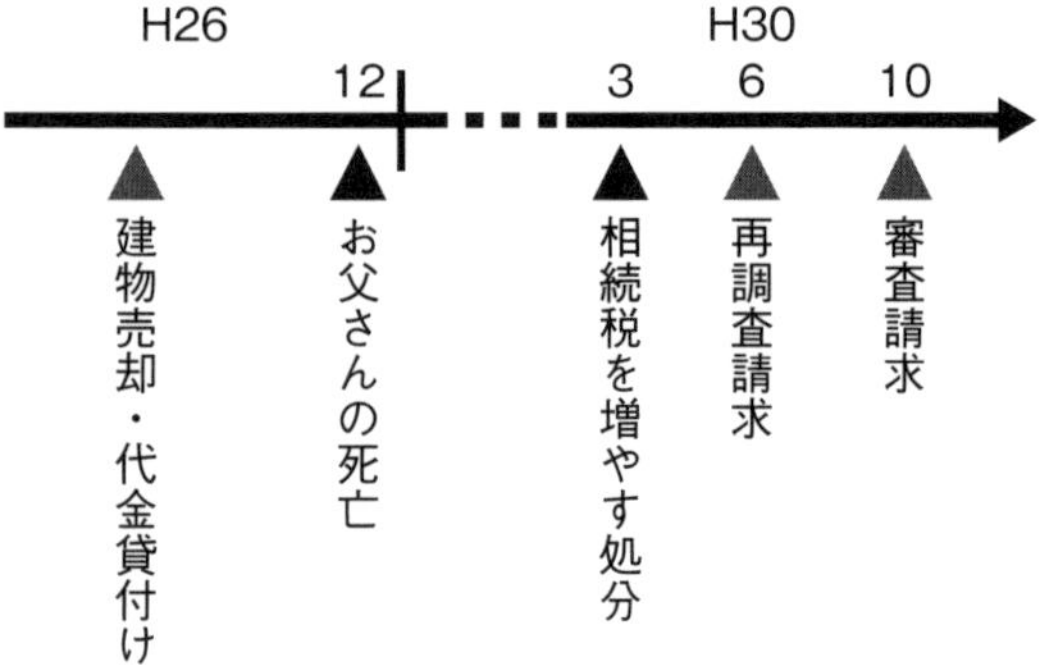

との間に開きがあることを利用した、相続税の「節税策」というわけです。もっとも、この提案によると、納税者は相続により1億3000万円の債務を引き受けることにより、当該債務の債権者であると同時に債務者であることになり、結果として、債権・債務が消滅することになります(民法520)。

そこで、税務当局は、相続開始日において納税者が履行することを予定していなかったから、確実と認められる債務ではないとして、1億3000万円の全額について相続により取得した財産の価額から差し引くことを認めず、相続税を増やす処分をしました。

■節税したつもりが、増税になっていた

「ええっ、提案どおりにやったのに、逆に損しとるやんけ。どういうことや!」

納税者としては、仮に1億3000万円の全額について

相続により取得した財産の価額から差し引くことができないとすると、「節税策」を実行しなかった場合と比較すると、建物の価額分だけ相続により取得した財産が増えて、相続税が増える結果となってしまいます。

これでは何のために「節税策」を実行したのか分かりません。納税者は激怒して、審査請求をすることにしました。

〈審判所が示した判断〉

■確実と認められる債務といえるか

さて、審判所はどう判断したでしょうか？

審判所は、まず、確実と認められる債務の意味について検討しました。そして、確実と認められる債務とは、相続開始日現在において単に債務が存在するのみならず、①債務者においてその債務の履行義務が法律的に強制されるもののほか、②事実的、道義的に履行が義務付けられているなど、相続人がその債務を履行し相続財産の負担となることが必然的な債務をいうものとしました。

この点について、税理士法人の提案によれば、1億3000万円の債務は相続人間で履行の強制を予定したものでなく、当該債務の債権者である納税者が、遺産分割により当該債務を引き受けることにより消滅することが予定されていました。もっとも、納税者が締結した契約書上はこれを義務付けるような定めは見当たらず、その結果の実現は、各相続人の信義に委ねられていました。

また、代金を貸し付けることとした契約書は、納税者とお父さんの意思に基づき真正に成立していますので、納税者が、1億3000万円の債務を引き受けようとせずに、他の相続人に対し、当該債務の法定相続分に相当する部分の履行の強制をすることは、法的に不可能とまではいえませんでした。

そのため、審判所は、1億3000万円の債務が確実と認められる債務であること自体は否定しませんでした。

■差し引くことができる債務の金額はいくらか

もっとも、1億3000万円の債務が確実と認められる債務であるとしても、財産の価額から差し引くことができる債務の金額は、相続が開始した時の現況によることとされています。

この点について、1億3000万円の債務のうち、建物の評価額である4000万円を超える部分は、いずれ消滅することが予定された債務を、いわば名目的に成立させたにすぎません。そのため、相続開始日におけるマイナスの価値を示すものとはいえないと考えられます。

他方、納税者は、相続により建物を取得したものの、建物の評価額である4000万円に相当する部分も含め、1億3000万円の債権を失っています。結局、納税者は、相続により建物の評価額である4000万円の価値を得ると共に、これに対応する債権の喪失により同額の価値を失っているので、1億3000万円の債務のうち4000万円に相当する部分は、相続開始日におけるマイナスの価値を示すものといえます。

審判所は、このように考えて、財産の価額から差し引くことができる金額は4000万円であると判断しました。

〈見解の相違を解消するヒント〉

■節税対策であっても契約は有効に成立する

税務当局としては、本件のような「節税策」は到底認められないでしょう。これが認められるなら、実態は何にも変わらないのに、相続直前に、お父さんに建物を売って代金を貸し付けたことにするだけで、相続税を減らせることになるからです。

しかし、だからといって、お父さんに代金を貸し付けたことにした契約を一切無視して課税してもよいかというと、それはできません。

いくら税務当局にとっては看過できない「節税策」を目的とする契約であっても、契約は契約です。当事者が、そのつもりで契約したものは有効であり、その契約が有効であることを前提に課税関係を考えるのが原則なのです。

■本件でも契約の効力自体は有効とされた

本件でも、あからさまな「節税策」を目的とする契約ではありましたが、審判所は、お父さんに代金を貸し付けたことにした契約の効力自体は否定しませんでした。そのため、納税者が「節税策」を実行した結果、逆に相続税が増えて不利になるという事態は避けられました。

もっとも、審判所は、財産の価額から差し引くことができる債務の金額は、相続が開始した時の現況によるとされていることに着目しました。そして、相続が開始した時の現況によれば、1億3000万円の債務は4000万円のマイナスの価値しかないと判断しました。そのため、納税者の「節税策」により、相続税が減って有利になることもなくなりました。

裁決例❹　贈与契約が有効に成立していたか？

令和３年９月17日裁決・裁決事例集Ｎｏ．１２４

＜納税者がもらった財産＞

■女性が子供名義の口座にカネを入金した

「君との間の子供たちにも、同じようにおカネをあげていきたいんだ」

「まあ！　あの子たちもきっと喜ぶわ」

今回の納税者は、平成29年1月に亡くなったお父さんの４人の子供のうち、妻ではない女性との間に生まれた２人目の子供です。お父さんは、平成13年に、４人の子供たちに、毎年決まった額のカネを贈与していくことを思い立ちました。そこで、そのことを記載した贈与証を作成して署名押印し、納税者の実のお母さんである女性に渡して保管を頼みました。

また、女性は、お父さんに頼まれて、自分の子供２人分を含む、合計４人分の子供名義の口座を開設し、平成13年から24年まで、毎年、お父さんの口座から決まった額のカネを引き出して、４人分の子供名義の口座にそれぞれ入金しました。

子供名義の口座への入金

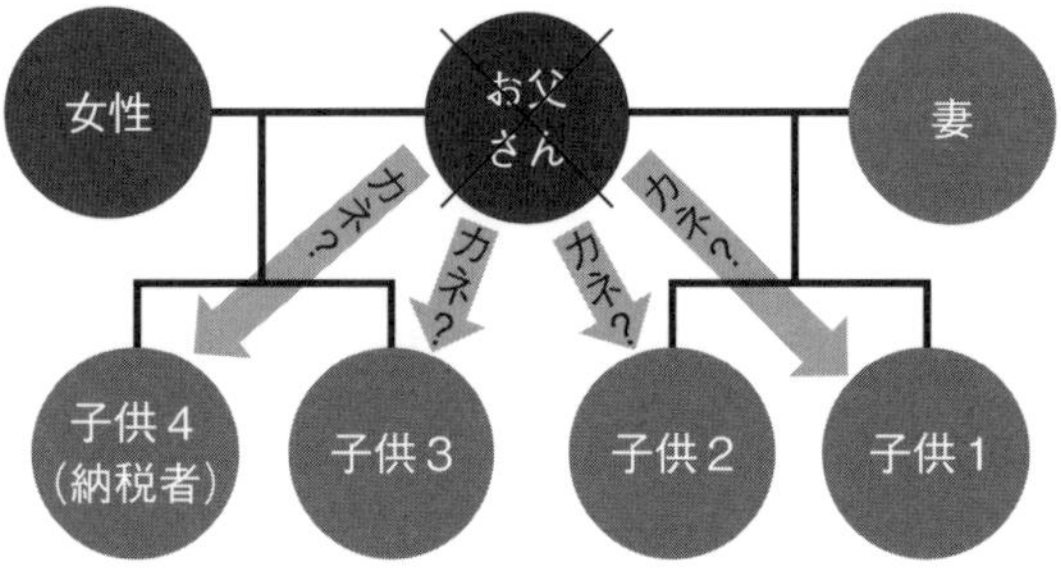

問題となったのは、お父さんが亡くなった後、納税者は、平成13年から24年までの間に自分名義の口座に入金されたカネを、相続により取得した財産に含めて、相続税を申告すべきかどうかです。

■相続により取得した財産の範囲

ヒトは、一般に、相続により取得した財産に課される相続税を申告して納めなければなりません（相法11）。また、相続により財産を取得したヒトが、相続の開始前3年以内に被相続人から贈与された財産も、一般に相続により取得した財産とみなされます（相法19①）。もっとも、相続の開始から3年以上前に贈与された財産が、相続により取得した財産とみなされることとは通常はありません。

納税者は、税務調査での指摘を受けて、一旦は、自分名義の口座に入金されたカネを相続により取得した財産に含めて、相続税の修正申告をしました。しかし、内心おかしいと思っていたので、その後、このカネは相続により取得した財産ではないとして、相続税を減らすことを税務当局に請求しました。

〈税務当局が下した処分〉

■贈与される側の署名押印がなかった

「この贈与証には、お父さんの署名押印しかありませんよ」

「贈与される側の署名押印がないから、これでは贈与にならないね」

税務当局は、改めて、平成13年から24年までの間に納税者名義の口座にカネが入金された経緯を検討しました。そして、お父さんが、平成13年に贈与証を作成しているものの、納税者を含む4人の子供たちの署名押印がないことを確認しました。

贈与契約が有効に成立するためには、贈与する側が贈与するという意思を表示するだけでは足りないはずだ。贈与される側からも贈与を受けるという意思が表示されて初めて、贈与契約が有効に成立することになる。本件の贈与証は、お父さんが贈与するといっているだけだから、贈与契約が有効に成立したとはいえないはずだ……

税務当局は、こう考えて、納税者は、納税者名義の口座に入金されたカネを贈与により取得したとはいえないとして、納税者の請求を否定する処分をしました。

時系列のイメージ

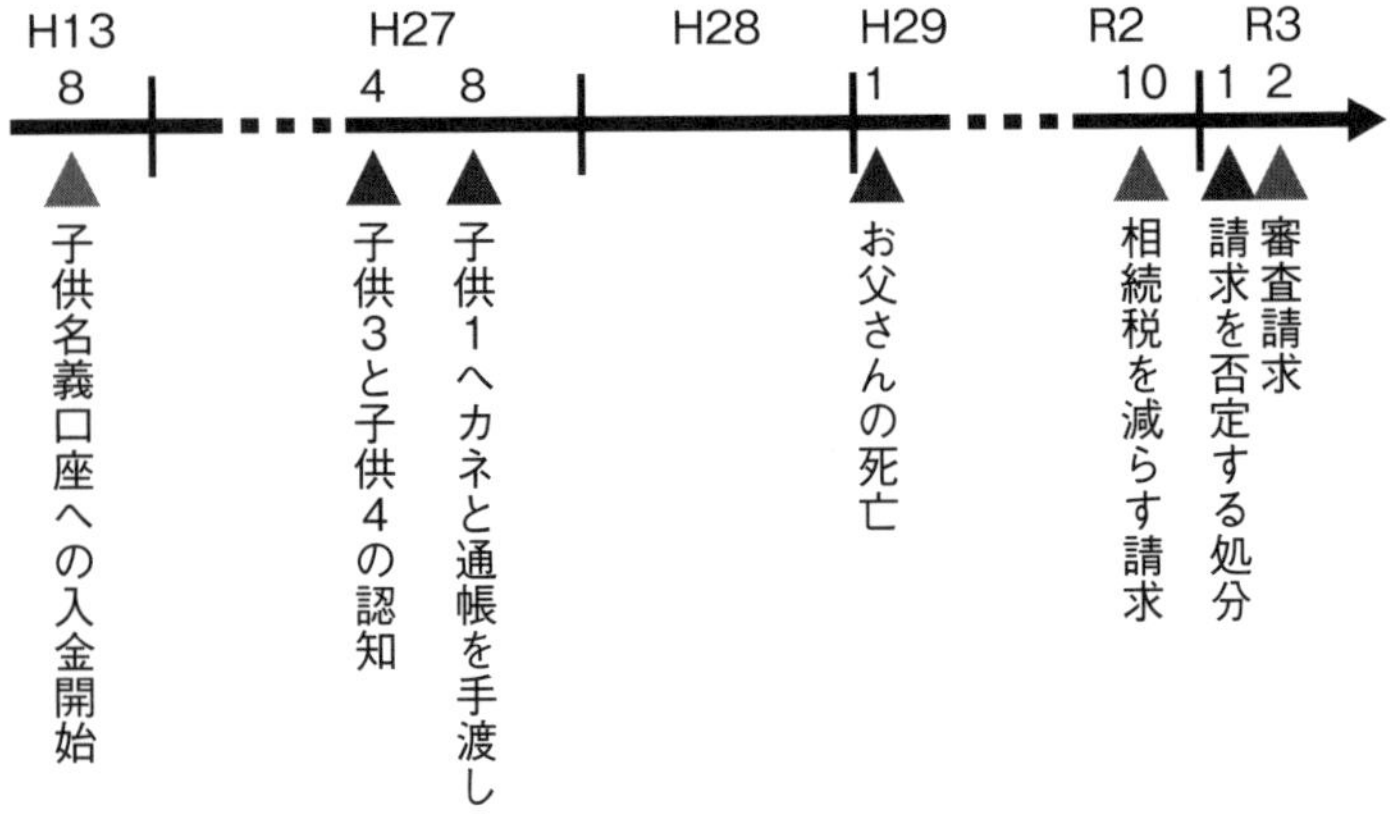

■実のお母さんが口座を管理していた

「なによ、私のママが口座を管理していたのに、なんで贈与にならないのかしら」

納税者は、お父さんが贈与証を作成した平成13年当時、未成年でした。納税者名義の口座の通帳や判子を管理していたのは、実のお母さんだったのです。

実のお母さんが、お父さんから頼まれて自分名義の口座にカネを入金して管理していたのだから、贈与により取得したといえるはず……

納税者は、こう考えて、審査請求をすることにしました。

〈審判所が示した判断〉

■納税者との贈与契約は有効に成立していた

さて、審判所はどう判断したでしょうか？

審判所は、まず、お父さんと納税者との間で贈与契約が有効に成立していたかどうかを検討しました。

贈与は、当事者の一方が自己の財産を無償で相手方に与える意思を表示し、相手方が受諾することによってその効力を生じます（旧民法549）。ただし、書面によらない贈与については、履行の終わった部分を除き、各当事者が撤回できるものとされていました（旧民法550）。

本件の贈与証は、その記載内容からみて、お父さんが、平成13年8月以降、4人の子供たちに対して、それぞれ毎年決まった額のカネを贈与する意思を表明したものといえました。

そして、納税者の実のお母さんである女性は、お父さんから贈与証を預かるとともに、お父さんの依頼により4人分の子供名義の口座に毎年決まった額のカネを入金し、また、納税者名義の口座の通帳や判子を、納税者に渡すまでの間、管理していました。

納税者は、平成27年4月に、お父さんから認知されました。もっとも、納税者名義の口座が開設され、毎年の決まった額のカネの入金が開始された平成13年当時は未成年で、成年に達するまでの間における納税者の親権者は、実のお母さんのみでした。

つまり、実のお母さんは、納税者が成年に達するまでは、納税者の法定代理人として、その財産に関する法律行為について納税者を代表し、その財産を管理する立場にあったわけです（民法824）。そのため、実のお母さんは、平成13年当時、納税者の法定代理人として、お父さんからの贈与証による贈与の申込みを受諾したものといえるから、贈与契約は有効に成立していたものと判断されました。

そして、贈与契約に基づき、平成13年から24年に至るまで、その履行として、実のお母さんが管理する納税者名義の口座に毎年決まった額のカネが入金されていたものと審判所は考えました。

■納税者名義の口座のカネは納税者に帰属する

次に、審判所は、納税者名義の口座のカネが納税者に帰属するかどうかを検討しました。

納税者名義の口座は、平成13年に開設された後、平成24年までの各年に一度、お父さんからの決まった額のカネの入金があったほかは、利息を除き、入金はなかったので、贈与契約の履行のために開設されたものであることは明らかでした。また、納税者名義の口座の通帳と判子は、当初から、納税者の実のお母さんが保管していました。

そうすると、納税者名義の口座のカネは、贈与証に基づく入金が開始された当初から、納税者の実のお母さんが、納税者の代理人として自らの管理下に置いていたものであり、納税者が成人に達した以降も、その保管状況を変更しなかっただけといえました。

そのため、納税者名義の口座のカネは、平成13年の口座開設当初から納税者に帰属するとして、審判所は納税者の請求を認めました。

〈見解の相違を解消するヒント〉

■生前に子供たちに贈与をする場合の留意点

贈与は、モノをあげるだけなので、贈与する側の意思がはっきりしていれば、贈与される側は知らなくてもよいのではないかと思ってしまいがちです。そのせいか、親が子供名義の口座を勝手に作って、子供には知らせずに贈与するつもりでカネを入金しているということがままあるようです。

しかし、贈与も、売買と同じように契約なので、贈与される側の意思も後から客観的に確認できるようにしておく必要があります。相続税の税務調査では、生前の贈与の有効性が問題となることがよくあるからです。

■実のお母さんが管理していたので救われた

本件の納税者は、実のお母さんが法定代理人として、納税者に代わってお父さんからの贈与を受諾し、納税者名義の口座を管理していたので救われました。

しかし、お父さんは、同じように贈与するつもりだったのに、妻との間の2人の子供たちに対する贈与については、実のお母さんが法定代理人として贈与を受諾したわけではないので、贈与の有効性が否定されています。

子供たちは当初から贈与を受けるつもりだったと主張したのですが、客観的な証拠で裏付けることができず、認められなかったのです。

また、そのうち1人は、平成27年8月に自分名義の口座の通帳とカネをお父さんから直接受け取りましたが、相続の開始前3年以内の贈与だったので、結局、相続により取得した財産とみなされてしまいました。

2 相手方の話と合致しているか

本節では、次の4つの裁決例について検討を加えていくことにします。

裁決例❺：「検収」の意味には幅がある
（令和元年7月2日裁決・裁決事例集No．116）

裁決例❻：知っていた？　知らなかった？
（令和2年9月4日裁決・裁決事例集No．120）

裁決例❼：協議があった？　なかった？
（令和2年8月11日裁決・裁決事例集No．120）

裁決例❽：ウソの請求書を発行させたか？
（令和2年3月10日裁決・裁決事例集No．118）

裁決例❺　「検収」の意味には幅がある

令和元年7月2日裁決・裁決事例集No.116

〈納税者が行った取引〉

「このバインダーで納品させていただきます」
「分かりました。ありがとうございました」

本件の納税者は、3月決算の石油会社です。納税者は、平成28年8月8日に、手書きの図面をCADソフトを利用して電子データ化するサービスを請負会社に発注しました。

会社は、ある事業年度に稼いだ所得に課される法人税を申告して納める必要があります（法法21）。会社がサービスの代金を支払うときは、支払代金を法人税が課される所得から減らすことと定められています（法法22③二）。支払代金を費用として計上した事業年度の所得から、その支払代金を減らすのです。

請負会社は、平成29年3月20日に、電子データ化した図面を印刷し、バインダーに綴じて納税者に提出しました。また、請負会社は、このサービスに係る検収報告書の「施工完了日」欄

電子データ化サービスの取引

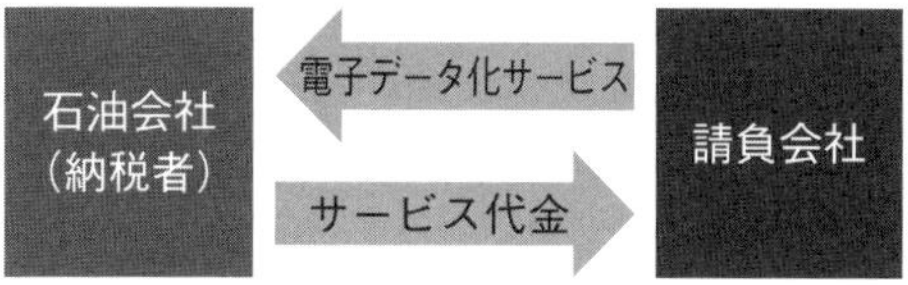

に「平成29年3月20日」と記載して納税者に提出しました。

納税者は、この検収報告書の「検収日」欄に「平成29年3月20日」と記載した上で、自社の購買担当に回付しました。

その後、納税者は、バインダーを受領した平成29年3月期において、このサービスに係る支払代金を費用として計上し、同事業年度の所得からこの支払代金を減らして法人税の申告をしました。

もっとも、請負会社が完成した図面の電子データを保存した外部記録媒体を納税者に納品したのは、平成29年6月末頃でした。

〈税務当局が下した処分〉

■法人税を増やす処分

「あれっ、所得から支払代金を減らすのが早すぎないか？」

税務当局は、外部記録媒体の提出時期に着目しました。外部記録媒体が提出されるまではサービスの提供が完了していないのだから、支払代金を費用として計上できるのは平成30年3月期なのではないか、というわけです。

時系列のイメージ

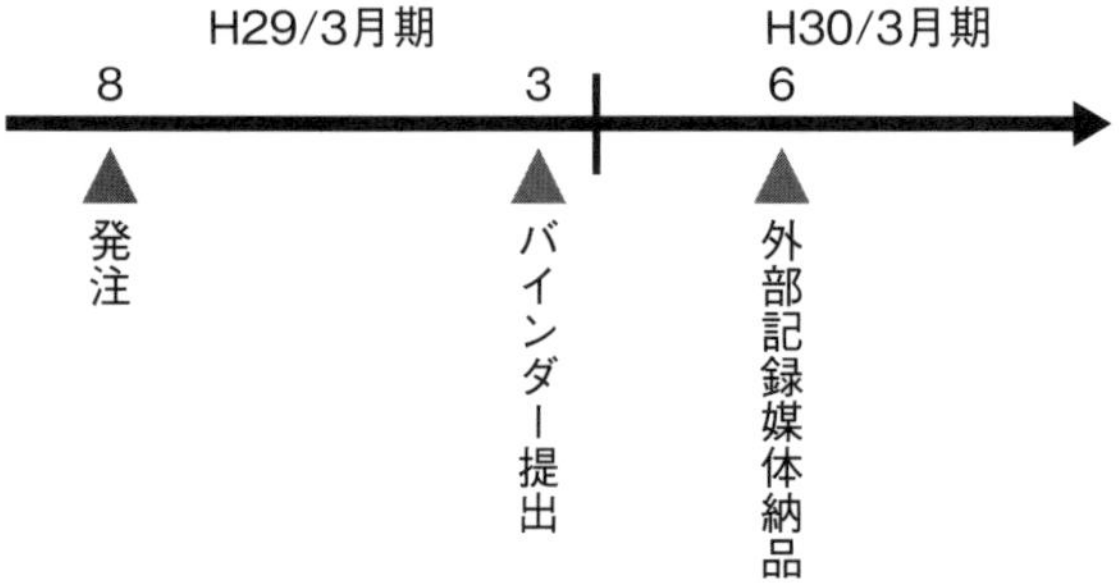

そうすると、納税者は、平成29年3月期ではなく、平成30年3月期の所得から支払代金を減らすべきことになります。

そこで、税務当局は、まず、平成29年3月期の所得から支払代金を減らすべきではなかったとして、法人税を増やす処分を下しました。しかし、それだけでは終わりませんでした。

■重加算税を課す処分

「検収日が平成29年3月20日になっているのは、どういうことだ？」

次に、税務当局は、検収報告書の「施工完了日」欄に記載された日付に注目したのです。

納税者が、法人税の計算のベースとなるべき事実を隠蔽又は仮装し、その隠蔽又は仮装したところに基づき申告書を提出していたときは、税率の高い重加算税が課されます（通法68①）。

「納税者は、実際には外部記録媒体が納品されていないことを知っていたはずだ。きっと、納税者は請負会社と示し合わせて、検収報告書の「施工完了日」欄に「平成29年3月20日」というウソの納品日を記載させたに違いない！」

そう考えて、税務当局は、重加算税を課す処分も下すことにしました。

■納税者による審査請求

納税者は、所得から支払代金を減らすタイミングが早かったことについては納得しました。法人税を増やす処分については、納税者としても受け入れざるを得ないと考えたわけです。

しかし、重加算税を課す処分については、どうしても納得がいきませんでした。それは、税務当局が指摘したように、請負会社にウソの納品日を記載させたとは思ってもいなかったからです。そこで、納税者は、重加算税を課す処分の取消しを求めて、審査請求をしました。

〈審判所が示した判断〉

■「仮装又は隠蔽」の意味

さて、審判所はどう判断したでしょうか？

審判所は、まず、「隠蔽又は仮装」の意味を確認しました。そして、「隠蔽」とは、法人税の計算のベースとなるべき事実について、これを隠蔽し、あるいはわざと（故意に）脱漏することをいうとしました。また、「仮装」とは、所得、財産あるいは取引上の名義などに関し、あたかも、それが真実であるかのように装うなど、わざと事実を歪曲することをいうとしました。

その上で、審判所は、本件において、法人税の計算のベースとなるべき事実の仮装があったか否かを検討しました。

このサービスでは、印刷した図面を綴じたバインダーと、完成した図面の電子データを保存した外部記録媒体の両方を提出することになっていました。しかし、実際に外部記録媒体が納品されたのは、平成29年6月末頃でした。

そうすると、本来は、検収報告書には、この外部記録媒体が納品された日以降の日を「施工完了日」及び「検収日」として記載すべきだったことになるでしょう。

■サービスの提供は実質的に完了していた

もっとも、このサービスの目的は、手書きの図面を整理して最新版の図面を作成することにありました。そして、平成29年3月20日に提出されたバインダーは、少なくとも手書きの図面が電子データ化され、それを印刷して最新版の図面としてまとめられたものではありました。

その後、若干の軽微な表記の修正はありましたが、図面の根幹となるようなものではなく、アフターサービスといえる程度のものでした。

また、納税者のグループでは、これまでの同様の電子データ化サービスにおいて、外部記録媒体が納品されない限り検収できないとされてきたわけではありませんでした。

実際、このサービスにおいても、納税者と請負会社の担当者は、バインダーが提出されたことをもってサービスの提供が実質的に完了したものと考えて、これまでのサービスと同様に、検収報告書の「施工完了日」欄と「検収日」欄に「平成29年3月20日」と記載していたのでした。

そのため、審判所は、納税者の担当者が請負会社の担当者と示し合わせて、ウソの施工完了日と検収日が記載された検収報告書を作成することにより、サービスの提供が完了していないにもかかわらず、あたかもその提供が完了したかのようにわざと事実を歪曲したとはいえないとして、重加算税を課す処分を取り消しました。

＜見解の相違を解消するヒント＞

■「検収」の意味

税務調査の現場では、このようないわゆる「期ズレ」の問題が俎上にのぼることが少なくありません。その際、検収報告書などに記載された「検収」日が、サービスの提供が完了した事業年度よりも前になっていると、納税者がわざと事実を歪曲したものとされて、重加算税を課す処分が下されることになりがちです。

もちろん、実際に費用を所得から減らすタイミングを前倒しするために、サービスの提供が完了していないことを承知の上で、担当者がわざとウソの「検収」日を記載するというケースもあるでしょう。

しかし、ビジネスの現場で用いられている「検収」の意味には、ある程度、幅があります。本件のように、サービスの提供が完全には完了していなくても、実質的に完了していれば、それを確認したことをもって「検収」したと取り扱っているケースもあるでしょう。

また、「検収」という言葉は、サービスの提供が完了したことを確認したという意味ではなく、サービスの提供の進捗状況に応じた出来高の査定という意味で用いられることもあります（平成30年4月13日裁決・裁決事例集Ｎｏ．１１１参照）。

したがって、検収報告書などに記載された「検収」日がサービスの提供が完了した日以降の日でなかったとしても、直ちに担当者がウソの日付を記載したということにはなりません。

■納税者の見解に裏付けがあるかどうか

もっとも、「検収」という言葉は、辞書的には、納品された品が注文どおりであることを確かめた上で受け取ることを意味します。そうすると、サービスの提供が完了したことを確認した上で引渡しを受けることを意味すると考えるのが通常でしょう。

そのため、こうした辞書的な意味とは違うことを意味していたと主張するのであれば、本件のように、これまでの取扱いとの整合性や取引の相手方の理解と一致しているかなど、納税者の見解を裏付ける証拠資料があるかどうかを慎重に検証しておくことが大切です。

裁決例❻　知っていた？　知らなかった？

令和2年9月4日裁決・裁決事例集No．120

〈納税者が行った取引〉

■共同事業の相手方を変更した

「一緒に不動産取引やりませんか？　どうしても元手が必要なんですわ」

「よし分かった。ぜひやりましょう」

今回の納税者は、5月決算の不動産会社です。納税者の代表者は、平成25年頃、ある不動産の所有者がその不動産を売却することを考えているという情報を得ました。もっとも、この不動産を売却するためには、建物の入居者に立ち退いてもらわなければならず、それには資金が必要でした。

そこで、別の不動産会社であるA社に資金調達を依頼し、その見返りとして1億5000万円を支払うことにしました。また、これをきっかけに、納税者とA社は、この不動産の売却案件を含め、複数の不動産取引について共同事業をすることにしました。納税者の代表者は、平

共同事業の相手方の変更

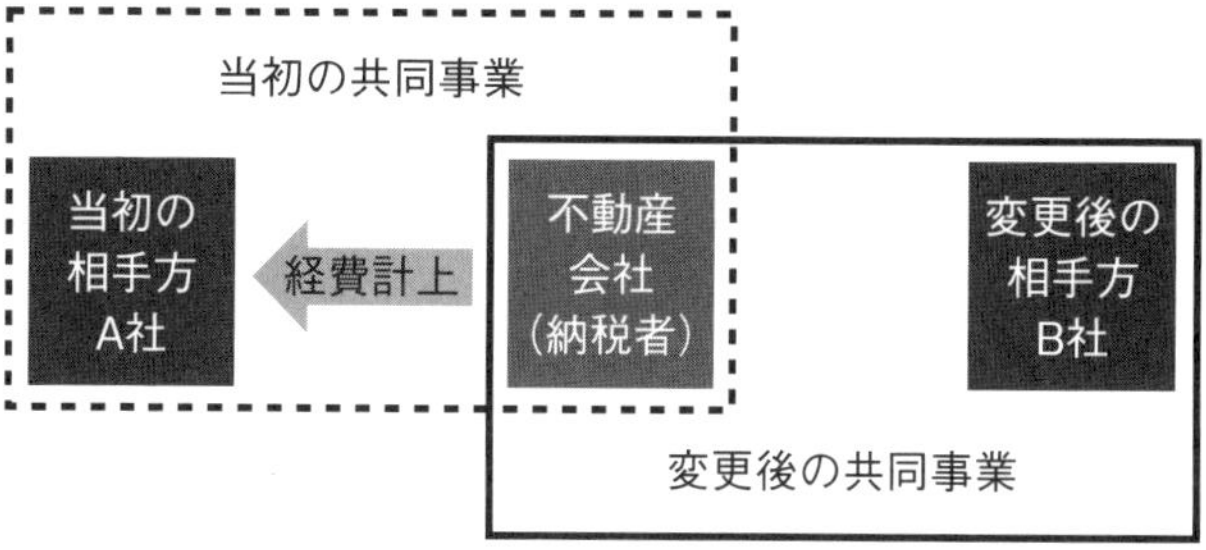

成26年11月に交代しましたが、その後も、前代表が会長として経営に引き続き携わっていました。

前代表は、入居者の立退き交渉が進むにつれ、資金が不足してきたため、A社に資金提供を求めました。しかし、A社は資金提供をしませんでした。

そこで、前代表は、また別の不動産会社であるB社に資金提供を求め、平成27年4月に、納税者とB社は、この不動産の売却を共同で行うことについて合意しました。その後、B社は、同年10月にこの不動産を取得して売却し、納税者に対し、共同事業に係る報酬として5億４０００万円を支払うことにしました。

■当初の相手方に対する経費を計上した

前代表は、平成28年5月期の決算に際して、納税者の税理士に、A社に対して支払う経費として1億５０００万円を計上するよう依頼しました。そして、納税者は、同月31日付けで、未払金として同額の経費を計上し、平成28年5月期における所得から同額を減らして法人税の申告をしました。

これに対し、税務当局は、税務調査において、この経費を所得から減らすことはできないのではないかと指摘しました。そのため、納税者は、税務当局の指摘に従い、修正申告しました。

〈税務当局が下した処分〉

■前代表は知っていたとして重加算税を課した

「A社の担当者は、資金提供はしていないし、1億5000万円も受け取っていないと言っているぞ！」

「前代表も、A社からではなく、B社から資金提供を受けたと言っているわね。A社がこの不動産の売却案件で何もしていないことを知っていたということでしょう?」

「ということは、前代表は、A社が何もしていないことを知っていたのに、わざとウソの経費を計上させて、所得を減らしたことになるじゃないか！」

納税者が、法人税の計算のベースとなるべき事実を隠蔽又は仮装し、その隠蔽又は仮装したところに基づき法人税を減らして申告していたときは、税率の高い重加算税が課されます（通法68①)。そこで、税務当局は、納税者に対し重加算税を課す処分をしました。

時系列のイメージ

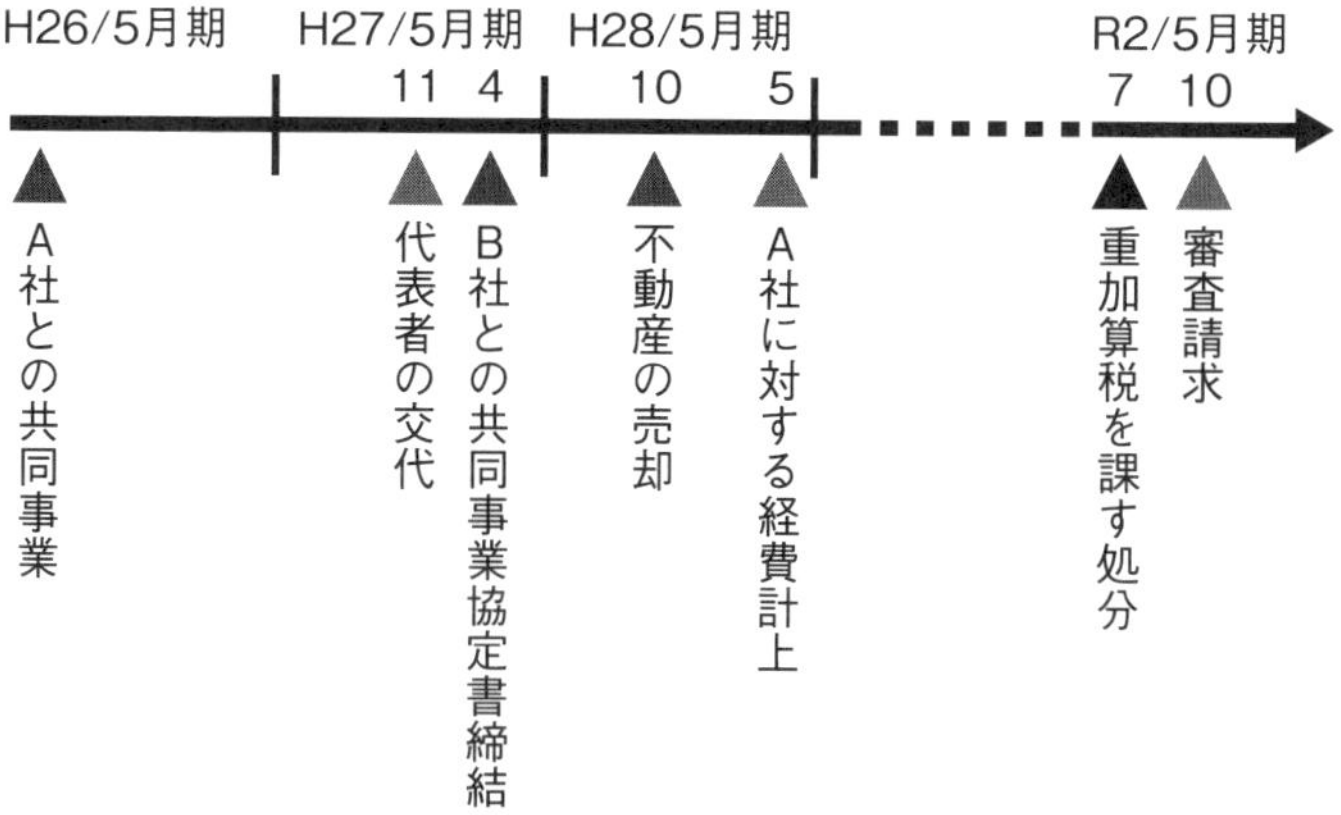

■ホントは知らなかったのではないか？

「確かにA社との共同事業は中断したけど、中断するまでの間はA社も共同事業で動いていたよね」

「それで、前代表も、A社から支払を請求されれば、支払わないといけないと考えていたわけでしょう」

「A社に1億5000万円を支払う必要がないなんて、前代表は知らなかったはずだよ。わざとウソの経費を計上したとはいえないから、重加算税はおかしいでしょう！」

納税者は、税務当局の指摘に応じて、修正申告をしましたが、まさか重加算税まで課されるとは思ってもいませんでした。そこで、審査請求をすることにしました。

〈審判所が示した判断〉

■事実を隠蔽又は仮装するとは？

さて、審判所はどう判断したでしょうか？

まず、審判所は、重加算税を課すための要件である、事実を隠蔽又は仮装するとはどういうことかを確認しました。

重加算税は、不正な手段によって租税を徴収する権限を侵害する行為に対し、制裁を課することを定めた規定です。それで、事実を「隠蔽」するとは、法人税の計算のベースとなる事実について、これを隠蔽し、あるいはわざと脱漏することをいうとしました。

また、事実を「仮装」するとは、所得、財産あるいは取引上の名義などに関し、あたかも、それが事実であるかのように装うなど、わざと事実を歪曲することをいうとしました。そして、本件において、納税者が事実を隠蔽又は仮装したというためには、経費の計上に関してわざと事実を歪曲したことが認められる必要があると判断しました。

■知らなかった可能性がないとはいえない

次に、審判所は、前代表がわざと事実を歪曲したといえるかどうかを検討しました。

確かに、A社は前代表の資金提供の依頼に一旦応じましたが、最終的には資金提供をしませんでした。また、その後、B社がこの不動産の取得に係る資金調達をしたので、納税者がA社に対して経費を支払う根拠となる資金提供がなされたという事実はありません。

そのため、前代表が、この資金提供を含め、この不動産の取得に当たって、A社から何らの役務提供もないことを知った上で、納税者の税理士に1億5000万円を経費として計上させたのだとすると、前代表はわざと事実を歪曲したといえるでしょう。

しかしながら、前代表者とA社は、この不動産の取得を含む複数の不動産取引を共同事業として手掛けようとしていた時期があり、A社の担当者は、その事業の目論見を書面化していました。そして、その書面が審判所に証拠として提出されていました。

そうすると、結果的に、A社からの資金提供はなかったとしても、前代表がこの不動産に関してA社に共同事業の話を持ち掛け、その後、資金提供を拒否されるまでの間に、A社が資金提供以外の何らかの業務を行っていたと前代表が認識し、それに対して対価を支払う必要があると考えていた可能性が全くないとまではいえません。

それゆえ、審判所は、前代表が、A社に対して経費を支払う必要はないことを知っていたにもかかわらず、1億5000万円を経費として計上させたとはいえないと判断しました。

そして、前代表が納税者の税理士に指示して、1億5000万円を経費として計上させた行為を、わざと事実を歪曲したものと評価することは困難であるから、納税者が事実を隠蔽又は仮装したとはいえないとして、重加算税を課す処分を取り消しました。

〈見解の相違を解消するヒント〉

■知っていたか、知らなかったか

重加算税は、事実を隠蔽又は仮装したときに課されます。事実を隠蔽又は仮装するとは、わざと（故意に）事実を脱漏する、あるいは、歪曲するような場合をいいます。

そのため、納税者の担当者が知りながらわざとやったのか、それとも、知らずにやったのかで、結論が正反対となります。まさに、知っていたか、知らなかったかで決まるというわけです。もっとも、知っていたか、知らなかったかは、ココロの中の問題です。外部からは見えません。つまり、ホントのところは、当の本人にしか分からないのです。

さらにいうと、現時点で知っているかどうかではなく、その行為の当時において知っていたかどうかが問題となりますので、その本人でさえ、記憶があいまいではっきりしないこともあるでしょう。そのため、知っていたか、知らなかったかについては、どのように立証すればよいか、悩みが尽きません。

■ココロの中をどう立証するか

この点については、ココロの中は本人しか知らないわけですから、第一次的には、本人に語ってもらう必要があります。つまり、本人に証言してもらうということになります。ただし、本人が常にホントのことを話しているとは限りません。場合によっては、ウソをついているということもあります。そのため、本人の話がホントであることを裏付けるものを提出できるかどうかがポイントになります。

本件では、A社の担当者が残していた書面を裏付けとして提出できたことが決め手となりました。もしこれがなかったら、結論が変わっていたかもしれません。

裁決例❼

協議があった？　なかった？

令和2年8月11日裁決・裁決事例集No．120

＜納税者がもらった財産＞

■不動産の持分の代わりに弁償金を受け取った

「もう訴訟は疲れたわ。おカネで解決しよう」
「やっと分かってくれたのね。そうしましょう」

今回の納税者は、亡くなったお母さんの末娘です。お母さんの相続人は、納税者とお兄さんの2人で、相続財産は不動産です。お母さんの遺言には、一切の不動産をお兄さんに相続させるが、納税者が請求すれば、納税者にもその4分の1を取得させる旨が定められていました。

お母さんの相続が開始した後、納税者は、不動産の持分を求めて、お兄さんに対し訴訟を提起しました。そして、相続が開始してから2年以上経ったところで、お兄さんとの間で和解が成立しました。その結果、不動産は全部お兄さんのものとなりましたが、納税者は、お兄さんから不動産の持分の代わりに3億3000万円の弁償金を受け取りました。

家族と相続の関係

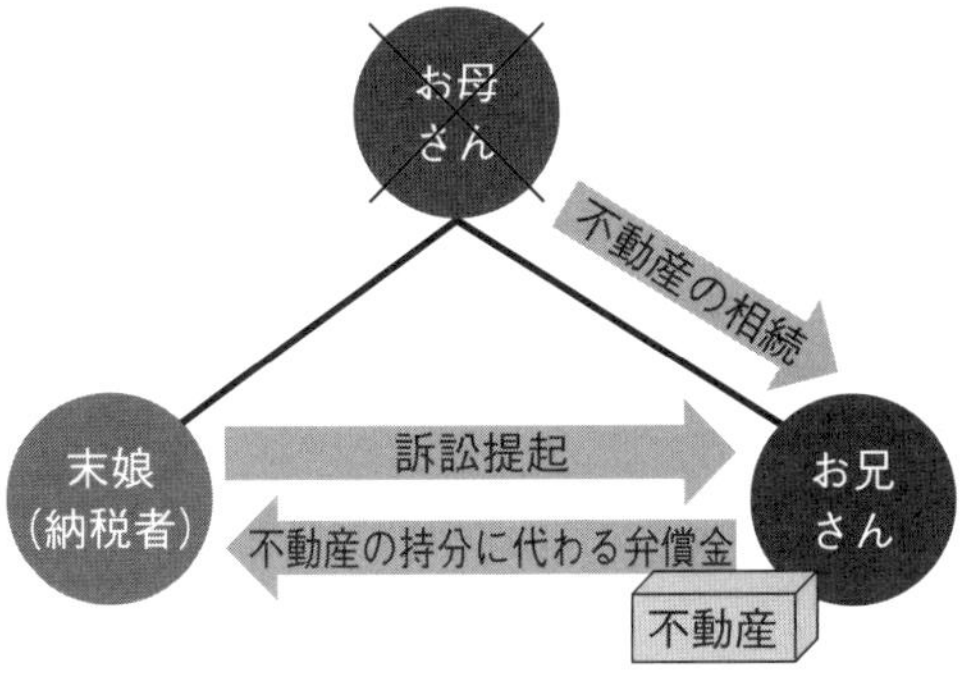

ヒトは、相続により取得した財産の評価額に応じて課される相続税を、申告して納める必要があります（相法11）。そこで、納税者は、相続により3億3000万円を取得したとして、相続税の申告をしました。問題となったのは、納税者が相続により取得した財産の評価額は、本当に3億3000万円だったのかどうかです。

■弁償金の相続開始時における評価額

国税庁が定める通達によると、納税者が不動産の持分の代わりに弁償金を受け取るときは、納税者が相続により取得した財産の評価額は、弁償金の相続開始時における評価額とされています（相通11の2－10）。

そして、弁償金の支払時における不動産の通常の取引価額に基づいて弁償金額が決められている場合は、弁償金の相続開始時における評価額は、次のとおりとされています。

$$弁償金額 \times \frac{相続開始時における不動産の評価額}{弁償金支払時における不動産の通常取引価額}$$

ただし、お兄さんと納税者の協議に基づいて、弁償金の相続開始時における評価額を合理的に計算して申告した場合は、当該評価額はその申告した金額とされています。

〈税務当局が下した処分〉

■相続税を減らす請求

「弁償金額をそのまま申告しちゃったけど、高すぎたんじゃないかしら」

「税務当局に請求すれば、相続税を減らせますよ」

納税者とお兄さんが弁償金を計算するベースにした不動産の取引価額は、相続開始時における評価額の1・5倍でした。そうすると、弁償金の相続開始時における評価額は、弁償金額を1・5で割った金額、つまり、弁償金額の3分の2でよかったはずです。そこで、納税者は、弁償金の評価額はもっと低かったはずとして、相続税を減らすよう請求しました。

時系列のイメージ

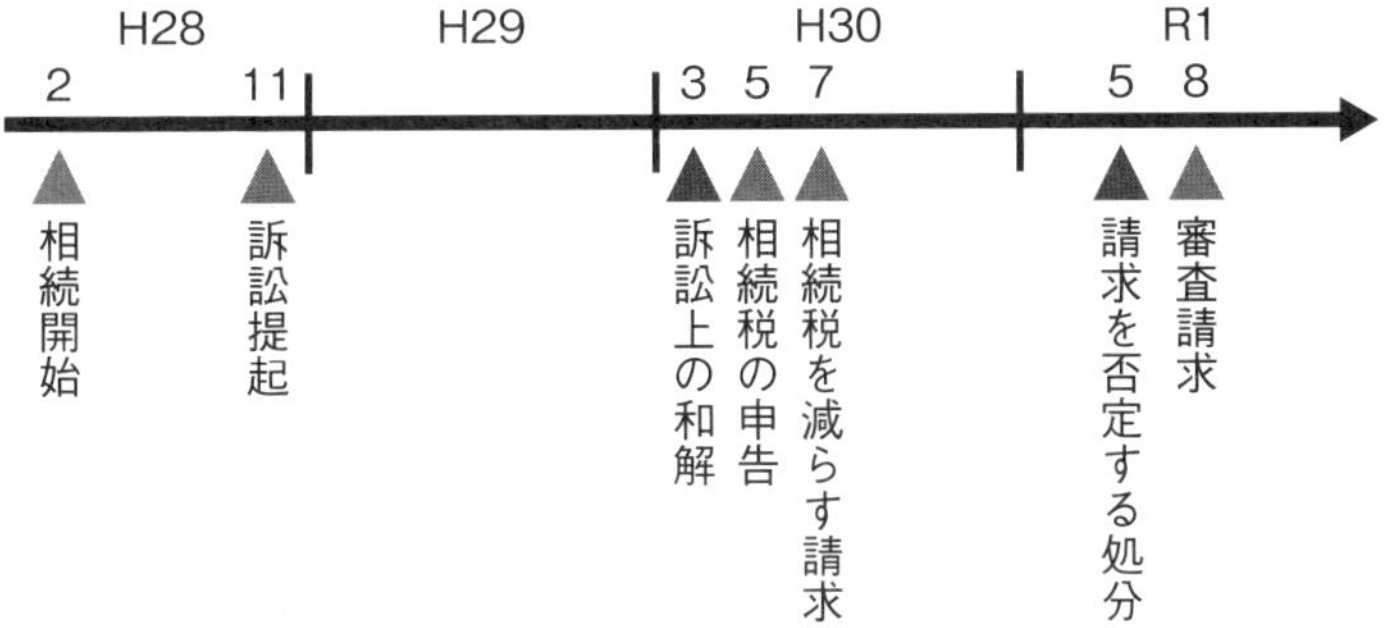

■納税者の請求を認めない処分

「もともと弁償金額の３億３０００万円で申告してきたのはそちらでしょ」

「弁償金額は、納税者とお兄さんとの和解で決まったんだから、納税者とお兄さんとの協議で弁償金の申告額も決めたはずだよね」

　納税者とお兄さんとの協議に基づいて、弁償金の相続開始時における評価額を合理的に計算して申告したのであれば、弁償金の評価額は申告した金額のままでよいはずです。税務当局は、和解の際に、納税者とお兄さんとの間で弁償金の申告額についても何らかの合意があったと考えるのが自然だとして、納税者の請求を認めない処分をしました。

　しかし、納税者は、お兄さんと和解をしましたが、弁償金の申告額について協議をした覚えはありませんでした。そこで、審査請求をしました。

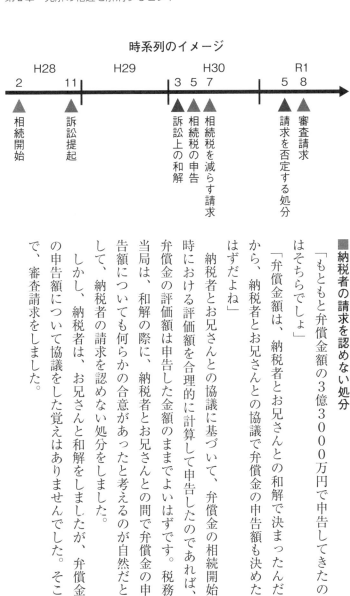

〈審判所が示した判断〉

■申告額に関する協議の有無で判断すべき

さて、審判所はどう判断したでしょうか？

まず、審判所は、上記の通達の趣旨を確認しました。相続により不動産を取得したときは、相続開始時における評価額に応じて相続税を課すこととされています。しかし、不動産の持分の代わりに受け取る弁償金額は、当該不動産の相続開始時における評価額ではなく、弁償金の支払時における不動産の通常の取引価額に基づいて決められることがあります。そのため、そのような場合には、不動産の相続開始時における評価額に基づく金額になるように弁償金額を修正して、弁償金の相続開始時における評価額を計算することとしたものと理解しました。

もっとも、相続人全員の協議に基づいて、弁償金の相続開始時における評価額を合理的に計算して申告したときは、相続人の意思を尊重して、その申告を認めるのが相当といえます。それゆえ、そのような協議があった場合には、申告した金額を弁償金の相続開始時における評価額として認めるべきと判断しました。

■申告額に関する協議はなかったと判断した

次に、審判所は、納税者とお兄さんとの間において弁償金の申告額に関する協議があったかどうかを検討しました。この点に関し、納税者側の弁護士と税理士、お兄さん側の弁護士と税理士のいずれもが、納税者が訴訟を提起してから相続税の申告をするまでの間に、直接やり取りをしていたのは弁護士同士であり、弁償金をいくらで申告するかに関する協議がされていないことについて、一致した証言をしていました。

お兄さんにとっては、そのような協議がなければ、納税者の相続税の負担が減り、反対に自分の相続税の負担が増えるので、協議がなかったという証言は自分にとって不利です。にもかかわらず、お兄さん側の弁護士と税理士は、協議がなかったと証言しているので、信用性が高いと審判所は判断しました。

確かに、訴訟中においては、納税者とお兄さんとの間で、弁護士を通じて、不動産の評価額をいくらにするか協議がされました。和解成立後は、納税者が弁償金について相続税の申告をする必要があることや、お兄さんが相続税の還付金を受けられることについて、お互いに認識があることも窺えました。

しかし、納税者とお兄さんとの間で、弁償金の申告額を具体的に協議した事実は認められず、他に申告額についての具体的な協議の事実が認められるような事情もありませんでした。それゆえ、上記の証言は、これらの客観的事実によっても裏付けられており信用できるから、弁償金の具体的な申告額についての協議はなかったものと判断されたのです。

審判所は、弁償金の申告金額である3億3000万円は、相続人の協議に基づくものではないから、相続開始時における評価額ではないとしました。そして、弁償金額は弁償金の支払時における不動産の通常の取引価額に基づいて決められたとして、弁償金額を修正して相続開始時における評価額を計算し、納税者の請求を認めました。

〈見解の相違を解消するヒント〉

■協議があったか、なかったか

協議があったか、なかったかが問題となる場合、納税者としては、まず、協議の相手方の協力が得られるかどうかを考えるでしょう。相手方とも認識が一致していれば、協議の有無に関する立証が容易になるからです。

もっとも、本件の協議の相手方であるお兄さんは、訴訟の相手方であるだけでなく、相続税についても、納税者の税額が増えれば、お兄さんの税額が減るという関係にあり、利害が対立しています。協力は、とても期待できません。実際、お兄さん側の弁護士と税理士は、弁償金をいくらで申告するかについて、納税者と考えは一致しており、合意があったものと認識していると証言していました。しかし、だからといって、そう簡単にあきらめてはいけません。

■相手方の認識の根拠を掘り下げて考えた

納税者は、お兄さん側の弁護士と税理士が、どうして弁償金の申告金額についても合意があったと考えているのか、その根拠を掘り下げて考えました。その結果、弁償金額について合意したのだから、その申告金額についても合意していただろうというようなあいまいな根拠しかないことに気付きました。

逆に、申告金額について具体的に協議をしていたわけではないことについては、お互いの認識が一致していたのです。このように、一見、相手方と認識が異なるように見える場合でも、相手方の認識の根拠は何かを掘り下げて検討すると、見解の相違を解消する糸口が見えることがあります。

裁決例❽ ウソの請求書を発行させたか？

令和2年3月10日裁決・裁決事例集No．118

〈納税者が行った取引〉

■修繕会社に修繕工事を発注した

「ウチの賃貸マンションで雨漏りがしてきたんで、修繕の見積りをお願いします」
「ありがとうございます。承知しました」

今回の納税者は、3月決算の不動産会社です。納税者は、賃貸マンションを所有していましたが、平成30年3月期に入ってから、雨漏りがしてきました。そこで、修繕会社に対し、雨漏りを防止するための修繕工事の見積りを依頼しました。

これを受けて、修繕会社は、平成30年1月、工事代金を300万円とする見積りを提示したところ、納税者は、程なく修繕工事を発注しました。

納税者は、この修繕工事について、修繕会社から、納品日欄に「3・30」、今回ご請求高欄に300万円と記載された同年3月31日付の請求書の交付を受けました。

修繕工事の取引関係

そこで、納税者は、同日付で、この請求書に基づき工事代金３００万円を未払金として計上し、平成30年３月期の所得から工事代金を減らして法人税の申告をしました。

■所得から工事代金を減らすタイミング

問題となったのは、所得から工事代金を減らすタイミングです。

会社が支払う修繕工事の工事代金については、ある事業年度の末日までにその修繕工事が完了していなければ、その事業年度の所得から減らすことはできないものと取り扱うのが一般的です（法法22③二）。

ところが、修繕会社は、平成30年３月末までには、下請業者の手配や近隣住民への説明その他施工に向けた準備に取り掛かっていましたが、修繕工事は開始していませんでした。修繕工事が完了したのは同年７月だったのです。

そのため、税務当局は、まず、平成30年３月期の所得から工事代金を減らすことはできないとして、法人税を増やす処分をしました。しかし、それだけでは終わりませんでした。

〈税務当局が下した処分〉

■ウソの請求書を発行させたとして処分

「納税者は、ウソの納品日を記載した請求書の発行を依頼していますよ」

「なんだと。それなら、相手方とグルになってウソの請求書を作ったことになるな」

税金を課す要件に係る事実を隠蔽し又は仮装する方法によって税金を少なく申告した場合には、重加算税が課されます（通法68①）。国税庁は、事務運営指針により、帳簿書類の改竄、帳簿書類への虚偽記載、相手方との通謀による虚偽の証憑書類の作成などを、隠蔽又は仮装に該当する事実として例示しています。

税務調査官は、修繕会社が発行した請求書の納品日欄に「3・30」と記載されていることに注目しました。納税者は、平成30年3月末日までに修繕工事が開始すらされていないことを知っていたのに、修繕会社に請求書の発行を依頼し、その依頼に基づき、修繕会社は納品日欄に「3・30」とウソの記載をした請求書を発行したに違いない。だから、これは相手方との通謀による虚偽の証憑書類の作成であり、隠蔽又は仮装に該当する。税務調査官はそう考えて、納税者に対し重加算税を課す処分を下しました。

時系列のイメージ

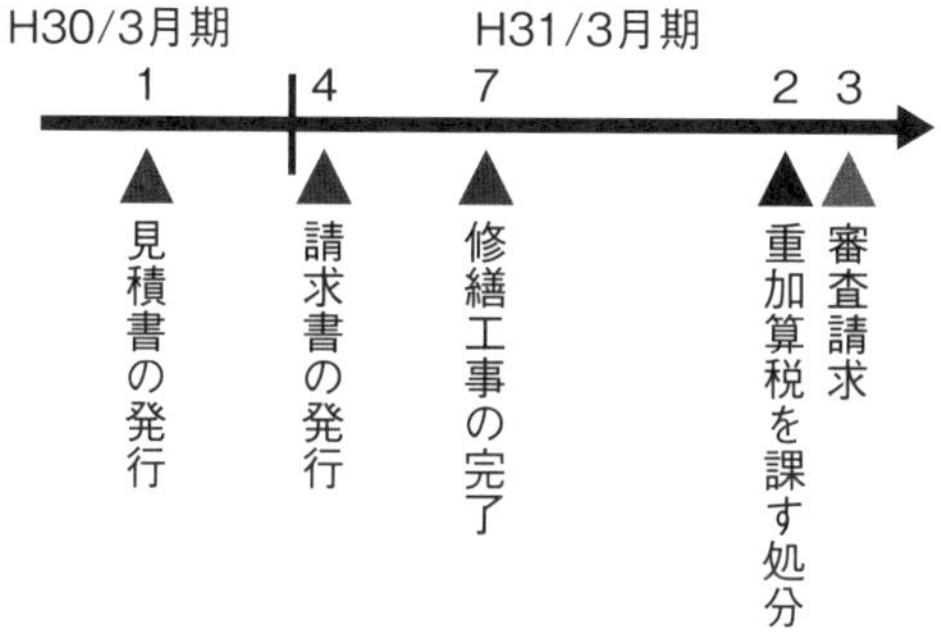

■ウソの請求書は頼んでいない

「えっ、請求書の発行は頼んだけど、ウソの納品日を書いてくれなんて頼んでないよ」

確かに、納税者の代表者は、平成30年4月頃に、修繕会社に対し請求書を発行するように依頼していました。しかし、それは、修繕工事に係る費用の額を確認するために修繕会社から請求書の交付を受けただけで、納品日を3月30日にしてくれなどと頼んだつもりはありませんでした。

ウソの請求書を頼んでいないのに重加算税というのは納得がいきません。そこで、納税者は審査請求に踏み切りました。

〈審判所が示した判断〉

■ウソの請求書を発行させたとはいえない

さて、審判所はどう判断したでしょうか？

審判所は、まず、重加算税を課すための要件となる仮装と評価すべき行為とは、存在しない取引に関し、それが存在するかのように装うなど、わざと（故意に）事実を歪曲したことをいうことを確認しました。そして、前述の重加算税の事務運営指針は、重加算税に係る処理の統一を図るために具体的な取扱いを定めたものであり、事実の仮装がわざと事実を歪曲することと解されていることからすれば、この定めはもっともであると審判所は判断しました。

次に、審判所は、ウソの請求書を発行させたかどうかを検討しました。

修繕会社が請求書を発行したことについては、現に修繕工事の実施に向けた準備作業を行っていたところに、納税者から依頼があったからこそ請求書を発行するに至ったのですから、修繕工事につき、修繕会社により施工されることが確かなものとして施主である納税者側から依頼があれば、竣工前に請求書を発行したとしてもあながち不自然とは言い切れません。

また、請求書の納品日欄に記載されている「3・30」については、修繕会社の請求書発行に係るシステムの便宜上「3・30」と入力されたにすぎない可能性も否定できません。そして、請求書の納品日欄が直ちに修繕工事の完了日を示すものといえるような証拠はないので、請求書の納品日欄に「3・30」と記載がされているからといって、請求書が直ちにウソのものであるとまでは評価できません。

税務当局は、納税者の代表者と修繕会社の代表者にヒアリングした結果を提出しました。それには、納税者の代表者が修繕会社に対して、工事代金に関して請求書の発行を依頼した旨が記述されていました。

しかし、請求書の納品日欄に修繕工事の完了日として「3・30」と記載することを依頼したこと、つまり、請求書の発行に当たって、修繕工事の完了日を平成30年3月30日にする旨を依頼した事実に関する記述はありませんでした。

したがって、ウソの請求書を発行させたとはいえず、相手方との通謀による虚偽の証憑書類の作成があったとはいえないと審判所は判断しました。

■帳簿書類にウソの記載をしたともいえない

税務当局は、納税者の代表者は平成30年3月期の末日までに修繕工事が完了していなければ、当該事業年度の所得から工事代金を減らせないことを知っていたのに、過少申告するつもりで帳簿書類に未払金として計上しているので、帳簿書類への虚偽記載に当たるとも主張しました。

しかし、その帳簿書類は納税者の税務代理人が作成したものであり、納税者の代表者には平成30年3月期の所得から工事代金を減らせないことの認識や過少申告の意図があったとはいえないとして、帳簿書類への虚偽記載があったことも否定されました。結局、わざと事実を歪曲したと評価すべき行為は見当たらないとして、審判所は、重加算税を課す処分を取り消しました。

〈見解の相違を解消するヒント〉

■税務調査の現場で活用される事務運営指針

重加算税の事務運営指針は、税務調査官により、重加算税のチェックポイントとして活用されています。税務調査の現場で、帳簿書類の改竄、帳簿書類への虚偽記載、相手方との通謀による虚偽の証憑書類の作成などを見つけたら、重加算税の検討を忘れないようにしようというわけです。

前述のとおり、重加算税の事務運営指針は、重加算税に係る処理の統一を図るために具体的な取扱いを定めたものですので、まさに重加算税のチェックポイントとして活用することが想定されているものといえます。

もっとも、残念ながら、税務調査の現場では、少しでも事実と異なる記載のある帳簿書類や証憑書類を見つければ、それがわざとなされたものかを十分に検証することなく重加算税を課すという運用が散見されます。

■わざと事実を歪曲したかを検証すべき

本件でも、請求書の納品日欄に、「3・30」という事実と異なるともいえる記載があったことが、重加算税を課すきっかけになっています。しかし、もしわざと事実と異なる記載をしたわけではないのであれば、わざと事実を歪曲していないと、ちゃんと反論すべきでしょう。

重加算税の事務運営指針には、わざと事実を歪曲したかを検証すべきということは明記されていませんが、当然の前提というべきです。

3 客観的事実と符合しているか

本節では、次の４つの裁決例について検討を加えていくことにします。

裁決例❾：何のために支払を受けた？
（令和２年７月７日裁決・裁決事例集Ｎｏ．１２０）

裁決例❿：処分を予知して納めたか？
（令和３年１月20日裁決・裁決事例集Ｎｏ．１２２）

裁決例⓫：もう辞めていた？　まだ辞めてなかった？
（令和２年12月15日裁決・裁決事例集Ｎｏ．１２１）

裁決例⓬：法務のルールで決まる場合
（令和２年４月17日裁決・裁決事例集Ｎｏ．１１９）

裁決例❾　何のために支払を受けた？

令和2年7月7日裁決・裁決事例集No．120

＜納税者が行った取引＞

■病院から協力金の支払を受けた

「ちょっと、病院から人手が足りないって頼まれてるのよ。ごめんね、手伝いに行ってくれないかしら？」

「はい、承知しました」

今回の納税者は、クリニックの個人経営者です。納税者は、医師を雇って、クリニックの診療に従事させていました。

納税者は、病院から頼まれて、平成27年5月に、診療協力に関する要綱を病院と締結しました。この要綱には、納税者が、雇っている医師を病院における外来患者の診療に協力させる旨が定められていました。診療協力は1回3時間、診療協力に伴う協力金は1回当たり4万円で、病院は、納税者に対し当月分を翌月末までに支払うものとされていました。

診療協力の関係

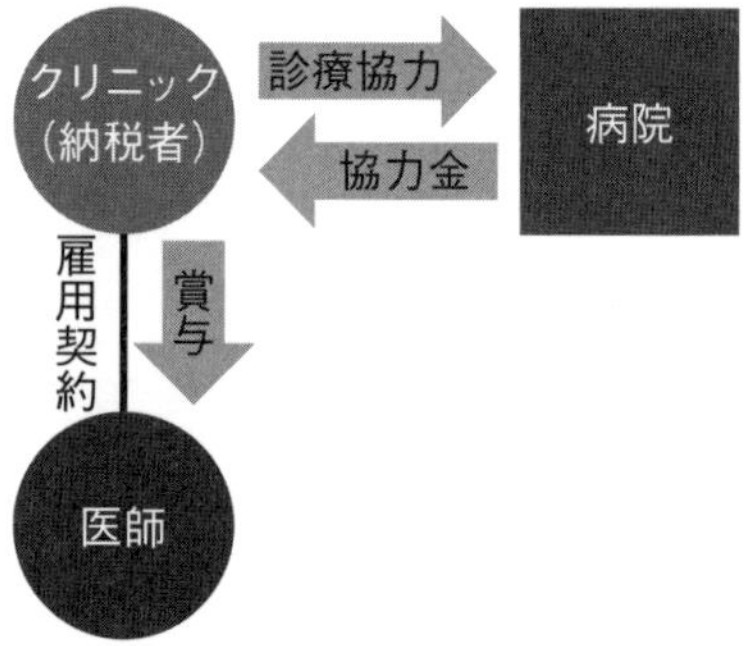

納税者は、この要綱の定めに基づき、病院から協力金を受け取りました。そして、この協力金をもとに、医師に対し、平成28年7月、同年12月及び平成29年7月に賞与を支給しました。

問題となったのは、納税者が、平成29年分の所得税の申告をする際に、雇用者に対する給与等の支給を増やした場合の特例の適用を受けられるかどうかです。

■雇用者に対する支給を増やした場合の特例

平成29年の当時、個人経営者が、雇用者に対する給与等の支給を一定の割合以上に増やした場合には、所得税の税額を減らす旨の特例が設けられていました。

もっとも、この特例の適用を受けるためには、雇用者に対する給与等の支給額が、その前年における支給額以上である必要がありました。また、この支給額は、その「給与等に充てるため他の者から支払を受ける」金額がある場合には、その金額を差し引いた金額とする旨が定められていました（旧措法10の5の3②三）。

納税者の給与等の支給額は、病院からの協力金を差し引いた場合には、平成29年分が前年分以上となっていましたが、協力金を差し引かなければ、前年分を下回っていました。そのため、病院からの協力金が「給与等に充てるため他の者から支払を受ける」ものといえるかどうかが争点となったのです。

〈税務当局が下した処分〉

■特例が適用されることを前提に申告をした

「協力金は医師の賞与にするために頂いたものに決まっているじゃない？」

納税者は、病院からの協力金が「給与等に充てるため他の者から支払を受ける」ものであることについて、何らの疑いも持っていませんでした。そこで、雇用者に対する支給金を増やした場合の特例が適用されることを前提に、平成29年分の所得税の申告をしました。

■所得税を増やす処分をした

「病院の経理担当者に伺ったら、あくまでクリニックの経営者に対し協力金として支払ったもので、医師の給与に充てるためではないということでした」

時系列のイメージ

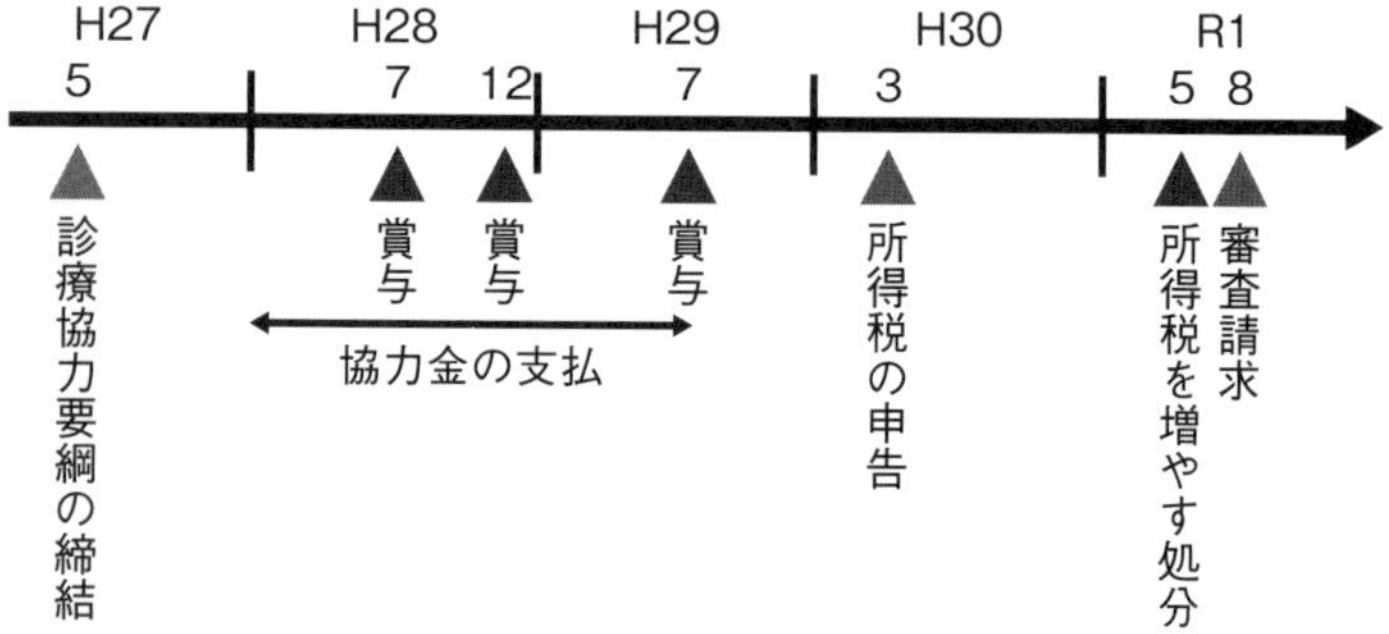

「病院では、協力金を委託費として経理処理しているしね。給与に充てるためとはいえないよな」

税務当局は、病院に対し裏付けを得るための調査をしたところ、病院からの協力金は医師の給与に充てるために支払われたものではないという心証を得ました。

病院からの協力金を差し引かなければ、平成29年分の給与等の支給金は前年分を下回るので、納税者は、雇用者に対する支給金を増やした場合の特例の適用を受けることができなくなります。そこで、税務当局は、所得税を増やす処分をしました。

納税者は、これには到底納得できません。そこで、審査請求に踏み切りました。

〈審判所が示した判断〉

■客観的なカネの流れを一つ一つ検討した

さて、審判所はどう判断したでしょうか？

まず、審判所は、雇用者に対する給与等の支給を増やした場合の特例の趣旨を確認しました。この特例は、個人所得の拡大を図り、所得水準の改善を通じた消費喚起による経済成長を達成するため、事業者の労働分配の増加を促す措置として創設されたものであることを確認したのです。

次に、納税者と医師と病院との間のカネの流れについて、客観的な事実関係を一つ一つ検討しました。

納税者と医師との雇用契約には、年俸制が採用されており、賞与を支給する定めはありませんでした。この医師に支払われる年俸額は、病院に対する診療協力を行っていた期間において、満額が支払われていました。そして、納税者は、診療協力に関する要綱を締結する前に、病院に対する診療協力について医師と合意をしていました。

他方、病院は、協力金を毎月末締めの翌月末払いで納税者へ支払うとともに、委託費として経理処理をしていました。納税者が、医師に賞与として支給した金額は、診療協力1回当たりの協力金である4万円に、医師が実際に診療に従事した回数を掛けて計算されていました。

すなわち、平成28年7月に支給した賞与は、21回分の協力金に相当する84万円、同年12月に支給した賞与は、24回分の協力金に相当する96万円、平成29年7月に支給した賞与は、12回分の協力金に相当する48万円だったのです。

■賞与と協力金の金額はぴったり一致していた

以上から、納税者は、この要綱に基づき、病院の外来患者診療を目的として、医師の合意を得て担当させ、病院から医師が診療に従事したことに対し協力金の支払を受けていたものといえます。

そして、納税者は、医師に雇用契約上支払っていた給与とは別に賞与を支給しており、しかも、その金額は、診療協力1回当たりの協力金である4万円に実際の診療協力回数を掛けて計算した金額とぴったり一致していたのです。

そうすると、納税者が、納税者と医師との雇用契約に賞与を支給する定めがないにもかかわらず、納税者が支払う給与とは別に医師に賞与として支給していたのは、医師が病院への診療協力に従事し、その診療協力を遂行したことに対して病院から協力金の支払を受けたために他ならないといえます。つまり、納税者には、医師に対する賞与に充てるため協力金として病院から支払を受ける金額があったわけです。

したがって、医師に支給した賞与のうち協力金として診療協力回数に基づき支払を受けるものは、「給与等に充てるため他の者から支払を受ける」ものに該当すると審判所は判断しました。

納税者の給与等の支給額は、病院からの協力金を差し引けば、平成29年分が前年分以上となります。それゆえ、審判所は、納税者はこの特例の適用を受けることができると判断して、所得税を増やす処分を取り消しました。

＜見解の相違を解消するヒント＞

■何のために支払を受けたか

本件の争点は、病院からの協力金が「給与等に充てるため他の者から支払を受ける」ものといえるかどうかです。つまり、何のために支払を受けたかという、納税者の主観的な目的が問題となっていました。

税務当局は、病院の担当者が医師の給与に充てるためではないと言っていたことを根拠に、「給与等に充てるため他の者から支払を受ける」ものではないと主張しました。しかし、病院の担当者の証言は、あくまでも取引の相手方の認識を示すものに過ぎず、納税者の主観的な目的を否定するものとはいえません。

もっとも、納税者としても、自らの主観的な目的を立証するときに、自分がこう思うというだけでは、なかなか信じてもらえません。やはり客観的な事実の裏付けが不可欠となります。

■客観的なカネの流れはとても雄弁である

そんなときに決め手となってくるのは、客観的なカネの流れです。

本件では、納税者から医師に対し給与とは別に賞与が支払われていました。そして、その賞与の金額が協力金の金額とぴったり一致していました。そのため、客観的なカネの流れから納税者の主観的な目的を比較的容易に推理することができました。

刑事事件では、客観的なカネの流れから犯人のココロの中を分析していくことがありますが、同じことが税務にも当てはまります。客観的なカネの流れは、とても雄弁なのです。

裁決例⑩　処分を予知して納めたか？

令和３年１月20日裁決・裁決事例集Ｎｏ．１２２

〈納税者が行った取引〉

■土地の譲渡人が香港に転出した

「この土地をお譲りします」

「ありがとうございます。それでは、弊社で購入させていただきます」

今回の納税者は、９月決算の建設会社です。日本に住んでいた譲渡人との間で、日本国内にある土地の売買に関する商談がまとまったので、平成30年12月28日に、売買契約を締結しました。譲渡人は、同月31日に日本から香港に住所を移して非居住者になりました。その後、平成31年１月21日に、納税者は、譲渡人に対し土地の対価を支払い、土地の所有権の移転登記をしました。

非居住者である譲渡人に対して日本国内にある土地の対価を支払う場合、一般に対価を支払う際に所得税を源泉徴収し、支払った月の翌月10日までに国に納付する必要があります（所法

土地の売買取引

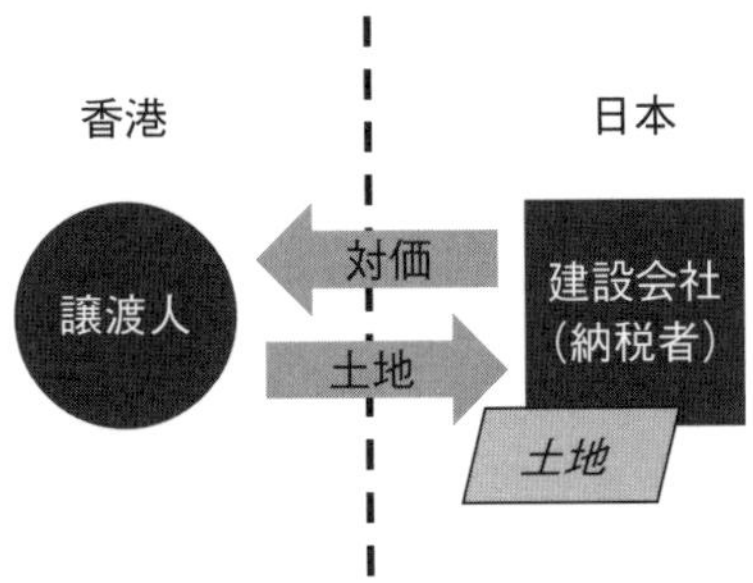

212①）。納税者は、対価を支払った際には所得税の源泉徴収をしていませんでしたが、令和元年7月5日になってから、源泉徴収すべきであった所得税を国に納付しました。

問題となったのは、その納付が、当該所得税についての調査があったことにより処分があるべきことを予知してされたかどうかです。

■調査があったことにより処分を予知したか

源泉徴収すべき国税を納付すべき期限までに納付しなかった場合には、税務当局から納付すべき税額を知らせる処分を受ける前に納付した場合であっても、納付した税額の10％の不納付加算税が課されます（通法67①）。

もっとも、税務当局から納付すべき税額を知らせる処分を受ける前に納付した場合は、その納付が、当該国税についての調査があったことにより、当該国税について知らせる処分があるべきことを予知してされたものでないときは、不納付加算税の税率は5％とされています（通法67②）。そのため、納税者が、調査があったことにより処分を予知して所得税を納めたかどうかが問題となったのです。

〈税務当局が下した処分〉

■実地調査の連絡が納付につながった

「非居住者からの土地の取得があると思われるので確認させていただきたいのですが」「該当する取引があるかどうか確認し、実地調査の日程調整をいたします」

税務調査官は、令和元年6月頃、税務署内における調査の結果、譲渡人が香港に転出して非居住者になったのに、納税者が譲渡人に支払った土地の対価について、所得税を納付していないことを把握しました。そこで、同年7月2日、納税者の税務をサポートしていた税理士法人の担当者に電話して、実地調査の日程調整を依頼しました。

担当者は、すぐに納税者の担当取締役に連絡しました。担当取締役が最近までの取引を確認したところ、譲渡人との間の土地の売買取引について、対価を支払う前に譲渡人が非居住者になっていたことが判明しました。そのため、社内で協議した結果、同月5日、源泉徴収すべきであった所得税を国に納付しました。

税務調査官は、同月24日、実地調査を行い、担当取締役から所得税の納付について報告を受

時系列のイメージ

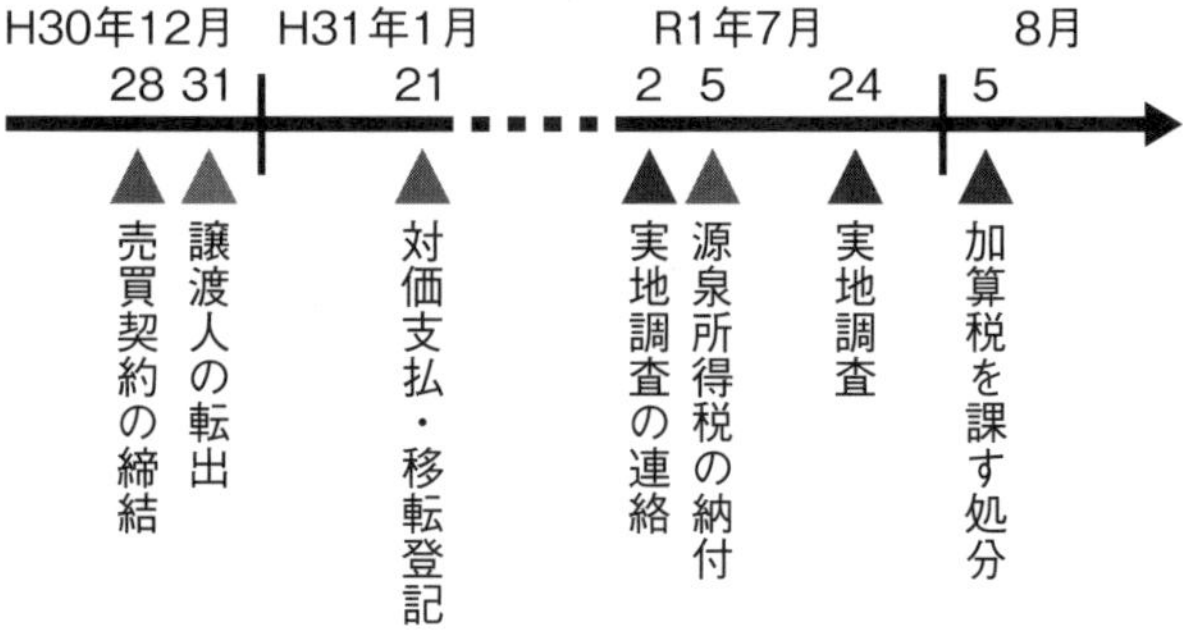

けたので、納付書を確認して調査を終えました。もっとも、実地調査の連絡をしたことが納付につながったので、納税者は調査があったことにより処分を予知して納めたものと考えて、10％の不納付加算税を課しました。

■自主的に確認して、自主的に納付した

「えっ、自分で確認して納めたと思っていたのに、なんで税率が10％なんだ?」

納税者としては、確かに、実地調査の連絡がきっかけにはなったものの、あくまでも自主的に最近までの取引を確認して源泉徴収が漏れていたと判断し、自主的に納めたつもりでした。そこで、調査があったことにより処分を予知して納めたわけではないと考えて、審査請求に踏み切りました。

〈審判所が示した判断〉

■不納付加算税の減額を認めた趣旨

さて、審判所はどう判断したでしょうか？

審判所は、まず、調査があったことにより処分を予知して納めたわけではない場合に不納付加算税の減額を認めた趣旨について確認しました。そして、納付すべき期限を過ぎていても納税者の自発的な納付を奨励する趣旨から、当該所得税についての調査があったことにより、当該所得税について知らせる処分があるべきことを予知することなく自主的にこれを納付した者に対しては、通常よりも一段低い水準の不納付加算税を徴収することにしたものと考えました。

その上で、このような趣旨を踏まえ、その納付が、当該国税についての調査があったことにより、当該国税について知らせる処分があるべきことを予知してされたものでないときに該当するか否かの判断に当たっては、①調査の内容・進捗状況、②それに関する納税者の認識、③納付に至る経緯、④納付と調査の内容との関連性等の事情を総合考慮して判断すべきという基準を示しました。

■実地調査の電話連絡で何を伝えたか

次に、審判所は、それぞれの事情について検討しました。

税務調査官は、税務署内における調査の結果、納税者が非居住者である譲渡人に支払った土地の対価について、所得税を納付していないことを突き止めていました。そのため、実地調査をすれば、納付すべき所得税について知らせる処分に至る可能性が高い状況でした。

税務当局は、令和元年7月2日に実地調査の電話連絡をした際に、譲渡人との取引に係る所得税を調査対象としていることを税理士法人の担当者に伝えたと主張しました。他方、納税者は、「非居住者からの土地の取得があったと思われる」という発言はあったものの、譲渡人との取引に関する具体的な指摘や質問はなかったとして、税務当局の主張を否定しました。

この点に関し、税務調査官は、同月8日、税理士法人の担当者に対し、平成29年10月1日から平成30年9月30日までの間に納付期限が到来する所得税を税務代理の対象とする税務代理権限証書（委任状）の提出を求め、その提出を受けていました。しかも、その後も、譲渡人との取引に係る所得税を税務代理の対象とする税務代理権限証書の提出を求めることはありませんでした。

そのため、審判所は、納税者が譲渡人との取引に係る所得税を納付する前に、税務調査官が当該所得税を調査対象とするような発言をしていたとは考え難いと判断しました。

そして、納税者は、譲渡人との取引に係る所得税が調査対象とされていることを具体的に認識しておらず、納付は、納税者自身の自主的な確認によって行われたものであって、税務署内における調査との関連性も乏しいから、調査があったことにより処分を予知して所得税を納めたわけではないと結論づけたのです。

〈見解の相違を解消するヒント〉

■言った言わないが問題となる場合

日常生活において、一方は伝えたといい、他方は聞いてないというようなことはよく起こります。このことは税務調査でも同じで、納税者と税務調査官との間で言った言わないが問題となることはままあります。

特に、2人だけで電話で話した会話の内容となると、他に聞いていた人がおらず、直接に話した内容を確認できる証拠がないことが多いので、お互いの主張が平行線をたどり、水掛け論で終わることが少なくありません。

もっとも、そのような場合でも、その会話の前後における客観的な事実関係を洗い出してみることにより、解決の糸口が見つかることがあります。納税者と税務当局のどちらのストーリーが、その会話の前後における客観的な事実関係をより整合的に説明できるかを検証すると、真実が見えてくることがあるのです。

■税務代理権限証書の税務代理の対象が決定打

本件では、納税者は、税務代理権限証書における税務代理の対象を手掛かりにしました。税務調査官が提出するよう依頼した税務代理権限証書における税務代理の対象には、譲渡人との取引に係る所得税が含まれていなかったからです。

この事実は、実地調査の電話連絡の際に、譲渡人との取引に係る所得税を調査対象としていることを伝えたという税務当局のストーリーとは明らかに相反します。そのため、納税者は、譲渡人との取引に関する具体的な指摘や質問はなかったという自らのストーリーを認めさせることに成功しました。

裁決例⑪　もう辞めていた？　まだ辞めてなかった？

令和２年12月15日裁決・裁決事例集Ｎｏ．１２１

〈納税者が行った取引〉

■元代表に退職金を支払った

「オレはもう辞めるから。後は頼むよ」

「はい、分かりました」

今回の納税者は、不動産賃貸業を営む３月決算の会社です。納税者の代表取締役を務めていた元代表は、平成24年11月に代表取締役及び取締役をいずれも辞任することになり、同年12月にその旨の登記がされました。後任は、同年６月から納税者の代表取締役に就任していた元代表の妻です。

納税者は、元代表に対し、同年12月、役員退職金規程により算出した約７億円の退職金を支給しました。元代表は、同月以降少なくとも平成29年３月末までの期間において、納税者の登記上の役員としての地位を有しておらず、従業員でもありませんでした。また、納税者が、こ

退職金の支給

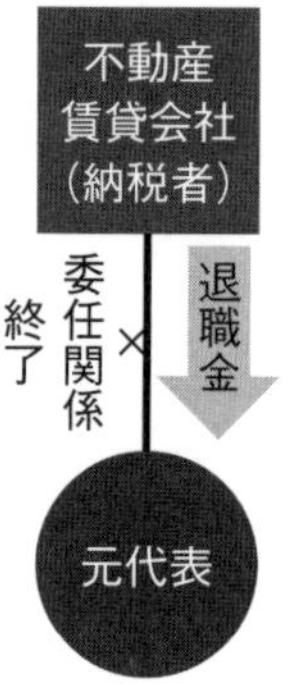

の期間において、元代表に対して役員給与や従業員給与を支給したこともありませんでした。

問題となったのは、納税者が、平成25年3月期の法人税の申告をする際に、元代表に支給した退職金を所得から減らせるかどうかです。

■実質的には退職金ではなかったのでは？

ところで、一般に、会社がその役員に対して給与を支給する場合は、支給する給与を会社の所得から減らせる場合が限定されていますが、退職金を支給する場合は、会社の所得から減らせます（法法34①）。

本件では、元代表が納税者の代表取締役及び取締役を辞任したことは、登記上も明らかでした。それで、納税者は、文字どおり退職金を支給する場合であると考えて、元代表に支給した退職金を所得から減らしました。

もっとも、法人税法上は、会社の経営に従事していれば、登記上は役員でなくても、役員とみなされます（法法2十五）。そのため、もし元代表が辞任した後も従来どおり納税者の経営に従事している場合は、実質的には辞めたといえるかどうか、怪しくなってきます。

つまり、その場合は、納税者が元代表に支給するものは、実質的には退職金ではなく単なる給与に過ぎないので、会社の所得から減らせるかどうか、疑問が生じてしまうわけです。

〈税務当局が下した処分〉

■辞めた後もグループの経営会議に出席

「元代表は辞めた後もグループの経営会議に出席していますよ」

「しかも、グループ各社の代表者よりも偉そうな感じね。もっと調査しなきゃいけないわ」

税務当局は、納税者の税務調査に入り、納税者のグループ各社が、毎月、経営会議を開催していることを把握しました。そして、元代表が、納税者の代表取締役及び取締役を辞任した後も、経営会議に出席していたことを突き止めました。

それも、元代表は、単に経営会議に参加していただけでなく、開催日時を指示したり、グループ各社の代表者から経営に係る報告を求めたりしていたようでした。それで、税務当局は、元代表が辞めた後の行動に疑問を感じ、さらに調査を進めました。

時系列のイメージ

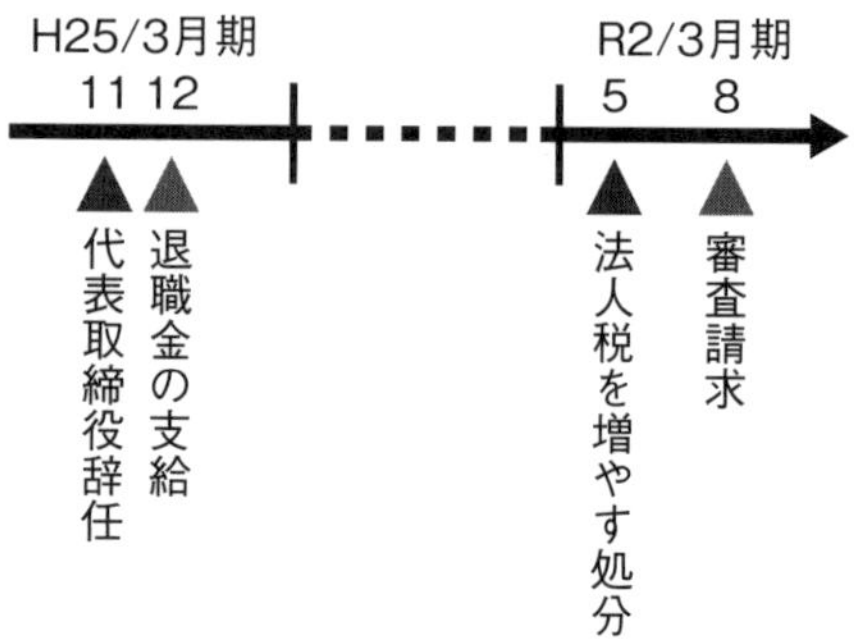

■法人税の更正処分をした

「元代表は、経営会議以外でも、グループ各社に指示を出していました」

「新規の融資について、金融機関との交渉もしてるじゃない。新規の太陽光発電事業についても、指示出しや資金相談をしてるわね」

税務当局は、さらに調査を進めた結果、元代表が、辞めた後も従来どおり納税者の経営に従事していたことは間違いないと考えました。

そうすると、元代表は、実質的にはまだ辞めていないので、納税者が支給したものは、実質的には退職金とはいえないことになります。そこで、納税者は支給した退職金を所得から減らせないとして、法人税の更正処分をしました。

しかし、納税者は、元代表はもう辞めたはずだと思っていたので、到底納得できません。そこで、審査請求に踏み切りました。

＜審判所が示した判断＞

■会社の経営に従事している者の意義

さて、審判所はどう判断したでしょうか？

まず、法人税法上、会社の経営に従事していれば、登記上は役員でなくても、役員とみなされる趣旨について検討しました。そして、その趣旨は、役員と同様に会社の事業運営上の重要事項に参画することによって、会社が行う利益の処分等に対し影響力を有する者は、法人税法上は役員とするところにあると整理しました。その上で、この趣旨から、会社の「経営に従事している」とは、会社の事業運営上の重要事項に参画していることをいうと判断しました。

次に、本件において、元代表が、辞めた後も、継続して納税者の事業運営上の重要事項に参画しており、実質的には辞めていないといえるかどうかを検討しました。

この点について、税務当局は、税務調査の中で、平成24年10月頃から平成29年1月末までの間、グループの総務・経理事務を担当する会社の代表者Sに質問し、その回答を記録した書面を作成していましたので、これを証拠として提出しました。この書面には、元代表が、辞めた後も継続してグループの経営会議に出席し、グループ各社の代表者に対し、経営に係る報告を求め、指示を出していたことが記載されていました。

■回答の信用性を慎重に判断した

しかし、Sは、回答をした当時、自分が代表者を務めていた会社に対し地位確認を請求し、元代表やグループの持株会社に対し損害賠償を請求する訴訟を提起していました。反対に、納税者などからも損害賠償を請求する訴訟が提起されており、それぞれ係争中でした。そのため、審判所は、Sの回答を信用してよいかどうか、慎重に検討する必要があると指摘しました。

元代表が辞めた後に、グループの経営会議において、納税者の経営方針・予算・人事等の事業運営上の重要事項につき、具体的な指示や経営に関する決定をしたことを示す客観的証拠はありませんでした。また、Sの回答においても、いつどのような内容の指示や決定を行ったかという具体的な状況については明らかではありませんでした。

したがって、Sの回答を根拠に、元代表が、辞めた後のグループの経営会議において、納税者の事業運営上の重要事項に係る具体的な指示等をしていたとすることはできないと審判所は判断しました。

税務当局は、Sの回答を根拠に、元代表がグループの経営会議以外でも、随時、指示命令を行っていたなどと主張しましたが、やはり、回答の内容が具体性に欠けるか、元代表が辞めて間もない時期のものとはいえないとして否定されました。

結局、元代表は、辞めた後も継続して納税者の事業運営上の重要事項に参画していたとはいえず、実質的にも辞めていたとして、法人税の更正処分は全部取消しとなりました。

〈見解の相違を解消するヒント〉

■ヒトの話と客観的証拠の特徴

登記簿謄本や株主総会議事録などの客観的証拠は、登記された事実や決議された事項を立証する上で、動かし難い強力な証拠になります。もっとも、断片的な事実を示すことはできますが、事実と事実をつなぐストーリーを立証しにくいのが弱点です。

これに対し、従業員や取引関係者などのヒトの話は、全体のストーリーを示しやすいという長所があります。しかし、そのヒトの話を信用してよいかどうかという問題が生じます。場合によっては、ウソをついていることもあり得ますし、ウソではないにしても、大袈裟に話を盛っている可能性があります。

特に、そのヒトと納税者が対立しているような場合には、本当に信用しても良いかどうか、慎重に検討する必要があります。

■ヒトの話は客観的証拠で検証することが大切

本件では、税務当局は、主にＳの回答に依拠して事実認定をしてしまったようですが、Ｓは、納税者グループと訴訟合戦をしていて敵対関係にありました。そのため、あえて納税者に不利な話をしている恐れがありました。

それで、審判所は慎重に検証したわけですが、その結果、Sの話はそれを裏付ける客観的証拠がなく、具体性に欠けるものでした。審判所が、Sの話は信用できないと判断したのは当然のことといえるでしょう。

ヒトの話はとても便利ですが、客観的証拠で検証しないと痛い目にあいます。

裁決例⑫　法務のルールで決まる場合

令和２年４月17日裁決・裁決事例集Ｎｏ．１１９

〈納税者がもらった財産〉

■振り込まれたカネを引き出した

「これじゃあ、相続を放棄しないといけないわね」

今回の納税者は、平成31年１月に亡くなった夫の妻です。夫は、自分が代表取締役を務めていた会社が滞納した税金の保証人となっていて、保証人として税金を納める義務を負っており、税務当局から督促も受けていました。

夫は、別の会社の顧問も務めており、前月分の顧問料のうち50万円を、毎月、生活費として納税者名義の口座に振り込むように、顧問先に依頼していました。そのため、顧問先は、平成30年12月分の顧問料のうち50万円を、夫が亡くなった後の平成31年１月25日に、納税者名義の口座に振り込みました。納税者は、口座に振り込まれた50万円を引き出して、封筒に入れたまま、自宅に保管していました。

相続とカネの流れ

相続人は、一般に、亡くなったヒトの権利義務を全て引き継ぐこととされています（民法896）。また、亡くなったヒトが税金を納める義務を負っていた場合は、その税金を納める義務も相続人が引き継ぐことになります（通法5①）。

もっとも、本件の納税者は、同年3月に相続の放棄をしたいと家庭裁判所に伝えていました。相続の放棄をすると、はじめから相続人にならなかったものとみなされます（民法939）。そのため、本件では、相続の放棄が有効になされたかどうかが問題となりました。

■相続を単純に承認したとみなされる場合

ところで、ヒトが亡くなった際に、相続人が相続を単純に承認すると、亡くなったヒトの権利義務を、無限定にそのまま引き継ぐことになります（民法920）。また、次のような場合には、相続人は、相続を単純に承認したものとみなされてしまいます（民法921）。

例えば、相続人が亡くなったヒトのモノの全部又は一部を処分したときは、原則として、相続を単純に承認したものとみなされます。

また、相続人が、相続の放棄をした後であっても、亡くなったヒトのモノを隠したり、勝手に使ってしまったり、わざと亡くなったヒトのモノの目録に記載しなかったりしたときには、やはり、原則として、相続を単純に承認したものとみなされます。

本件では、納税者が、納税者名義の口座に振り込まれた50万円を処分したといえるかどうか、つまり、相続を単純に承認したものとみなされるかどうかが争われました。

〈税務当局が下した処分〉

■不動産を差し押さえる処分

「あなたは亡くなったご主人の納税義務を引き継いだことになります」

税務当局は、保証人として税金を納める義務を負っていた夫が亡くなったことを知り、相続人となる納税者に対し、夫の納税義務を引き継いだことを通知しました。

そして、税務当局は、納税者が、納税者名義の不動産を保有していることに目を付けました。

「あの不動産を差し押さえれば、多少は税金を回収できそうだ……」

そこで、税務当局は、納税者名義の不動産を差し押さえる処分をし、そこから税金の回収を図ることにしました。

時系列のイメージ

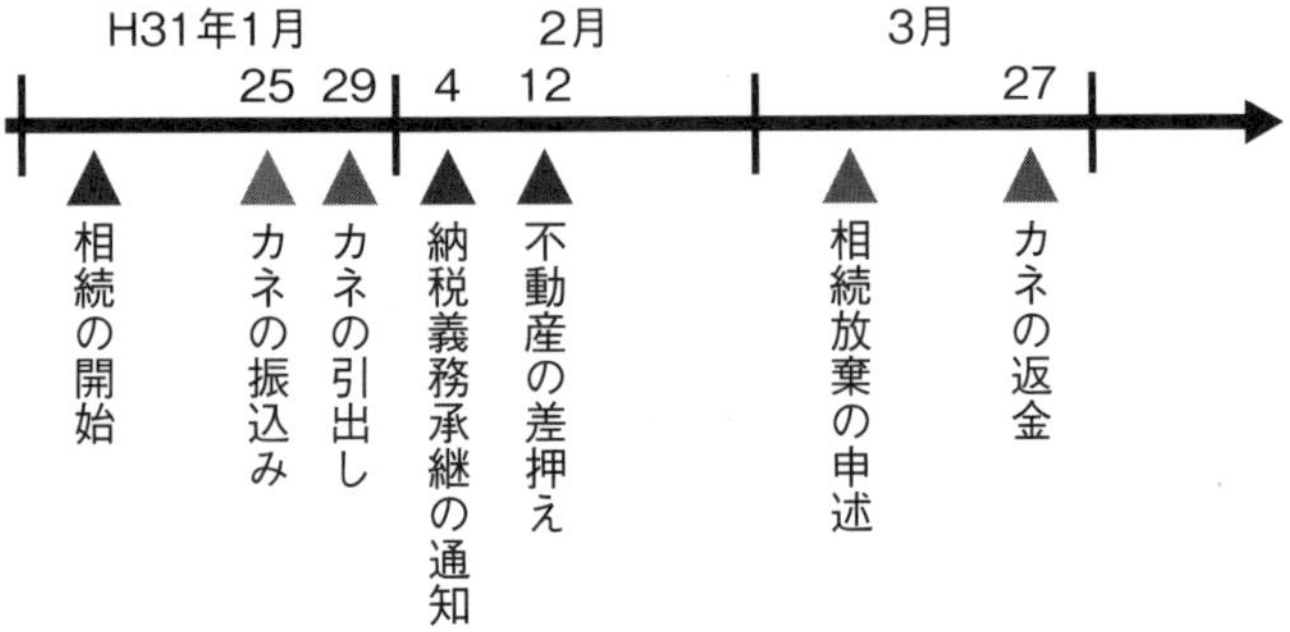

■振り込まれたカネを処分したと指摘

これに対し、納税者は、相続の放棄をしたので、自分はもう相続人ではないから、夫の納税義務を引き継いでいないと主張しました。また、税務当局から、引き出して保管していた50万円は亡くなった夫のモノだと言われたので、顧問先の口座に振り込んで返金しました。

しかし、税務当局は、納得しませんでした。

「口座に振り込まれたカネを一旦引き出して処分してしまっているでしょう？　それじゃあ、相続を単純に承認したことになるから、相続の放棄は認められませんよ」

納税者は、このままでは埒が明かないので、不動産を差し押さえる処分の取消しを求めて、審査請求をしました。

〈審判所が示した判断〉

■モノの経済的な価値を減少させる行為か

さて、審判所はどう判断したでしょうか？

まず、審判所は、相続を単純に承認したものとみなされる処分とは、相続人が、自己のために相続が開始したことを知りながら、亡くなったヒトのモノを処分したような場合であることが必要としました。また、「処分」には、亡くなったヒトのモノを売却するなどの行為だけでなく、モノを壊すなどの行為も含まれ、「処分」といい得るためには、それがモノの経済的な価値を減少させる行為であることが必要と判断しました。

さらに、亡くなったヒトのモノを処分したら相続を単純に承認したことになるという規定は、相続の承認又は放棄を行っていない相続人が亡くなったヒトのモノを処分した場合のみに適用されるものと解釈しました。したがって、相続人が一旦有効に相続の放棄を行った後に亡くなったヒトのモノを処分したとしても、それにより既に行った相続の放棄は無効にはならないことになります。

■振り込まれたカネを処分していないと判断

次に、審判所は、平成31年1月25日に振り込まれた50万円について、納税者が処分したといえるかどうかを検討しました。

まず、納税者は、同月29日に、納税者名義の口座から50万円を引き出しました。もっとも、自分の口座から現金を引き出しても、保管の態様が、払戻しを受ける権利から現金に換わるだけです。使われやすくはなりますが、保有している者が変わるわけではありません。そのため、口座から引き出しただけでは、処分には該当しません。

問題は、納税者が引き出した50万円を処分したかどうかです。納税者は、夫の生前は、毎月、同じ口座に振り込まれる50万円を引き出して、その一部を公共料金等が引き落とされる別の口座に預け入れ、残りの現金は封筒に入れて自宅のたんすに保管し、その現金から生活費を支払っていました。

もっとも、平成31年1月は、ちょうど引越のタイミングで預金を解約した現金が５００万円程度あり、その現金から引越代や生活費を支払っていました。そのため、納税者は、同月29日に引き出した50万円は封筒に入れたまま使わずに残していたと証言したのです。

実際、納税者は、平成30年12月25日に、納税者名義の預金を解約し、約９５０万円を受け取っていました。それゆえ、引き出した50万円は封筒に入れたまま使わずに残していたという納税者の証言は、不合理とはいえないと判断されました。

逆に、納税者が50万円を一部でも使ったということを示す証拠はありませんでした。その後、納税者は50万円を顧問先に返金しましたが、これは、納税者が相続を放棄したいと家庭裁判所に伝えた後でした。

以上から、審判所は、納税者は振り込まれたカネを処分していないと判断し、相続の放棄が有効になされているから、夫の納税義務を引き継いでいないとして、不動産を差し押さえる処分を取り消しました。

〈見解の相違を解消するヒント〉

■法務のルールで決まる場合

ここまでお読みになった読者の中には、本件はそもそも税務の話だっけ、それとも法務の話だっけ、と思った方もいらっしゃるでしょう。

確かに、不動産を差し押さえた債権者は税務当局なので、税務の話ではあります。もっとも、争いになっているのは、相続の放棄が有効になされたかどうか、その前提として、納税者が相続を単純に承認したとみなされる処分をしたかどうかです。つまり、もっぱら法務の話が問題になっているわけです。

そして、その判断も、納税者が引き出した現金を一部でも使ったかどうかという事実認定にかかっており、納税者の証言や、それと符合する預金の解約等の事実の有無を検討して、結論が導かれています。その判断のプロセスは、通常の一般的な民事係争と同じであり、まさに法務のルールで決まる場合といえます。

■税務と法務の専門家の機動的な協働が必要

このように、本件は、もっぱら法務のルールで決まるため、税務と法務の専門家が協働すれば、見解の相違を解消しやすくなる場合の好例といえます。もっとも、本件に限らず、見解の相違には、税務と法務が密接不可分な形で絡んでいることが少なくありません。

納税者が、速やかに見解の相違を解消するためには、税務と法務の専門家が機動的に協働できる体制を構築しておくことが必要といえるでしょう。

4　納税者の自白は誤認の元となる

本節では、次の4つの裁決例について検討を加えていくことにします。

裁決例⑬：納税者の自白は信用できるか？
（令和2年2月5日裁決・裁決事例集No．118）

裁決例⑭：借入金が存在するかのように装った？
（令和3年6月3日裁決・裁決事例集No．123）

裁決例⑮：外部からも意図がわかるような行動？
（令和3年2月5日裁決・裁決事例集No．122）

裁決例⑯：税負担が不当に減少するか？
（令和3年5月20日裁決・裁決事例集No．123）

裁決例⑬　納税者の自白は信用できるか？

令和2年2月5日裁決・裁決事例集No．118

〈納税者が行った取引〉

■中国からアパレル商品を輸入した

「中国の事業者向けショッピングサイトだと、安いアパレル商品を仕入れられるぞ」

「よっしゃ、それを中国で仕入れて、日本に輸入して売ることにしよう」

今回の納税者は、1月決算の卸売会社です。中国の事業者向けショッピングサイトでは、安いアパレル商品を仕入れることができるので、中国の仕入会社と組んで、中国からアパレル商品を輸入し、日本で売ることにしました。

取引の流れとしては、まず、仕入会社が、中国の輸出業者に依頼して、アパレル商品を日本に向けて輸出し、納税者は、日本の通関業者を経由してアパレル商品を受け取りました。次に、仕入会社が請求書を納税者に送付し、納税者は、その請求書に基づいて計算した金額を仕入価格として会計帳簿に計上して、これに基づき法人税の申告をしました。

アパレル商品の輸入取引

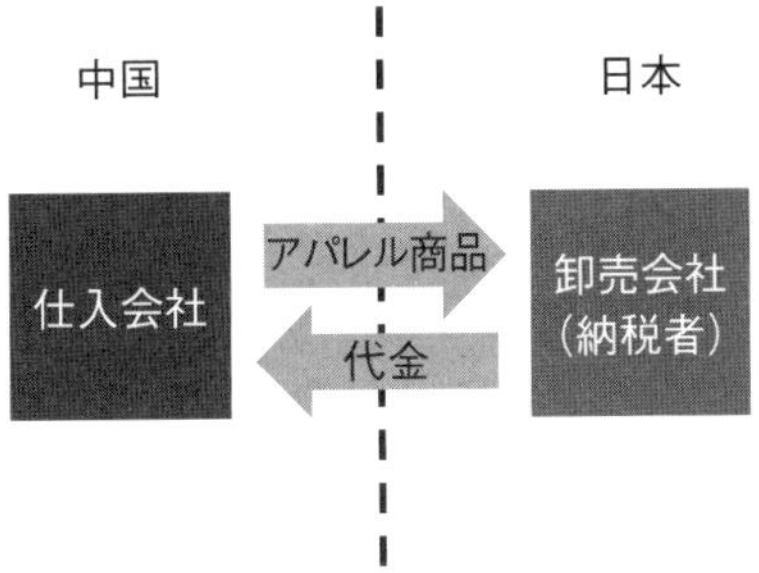

問題となったのは、納税者がアパレル商品の仕入価格として計上した金額が正しかったかどうかです。

輸入申告価格が仕入価格よりも低かった

会計帳簿に計上されたアパレル商品の仕入価格が正しかったかどうかという問題が浮上した理由は、輸入したアパレル商品の通関手続をする際に、日本の税関に申告した輸入申告価格が、仕入価格よりも低かったからです。

実は、中国の輸出業者は、独自に請求書等の必要書類を作成して、日本の通関業者に提出していました。そして、日本の通関業者は、中国の輸出業者から提出された書類に沿って、納税者の代わりに、日本の税関に対して仕入価格よりも低い輸入申告価格を記載した輸入申告書を提出していたのです。アパレル商品の輸入取引について課される関税と輸入消費税は、その輸入申告価格をベースに計算されます（関定法3、消法28④）。そのため、納税者は、仕入価格よりも低い輸入申告価格をベースに計算される関税と輸入消費税を納めていました。

〈税務当局が下した処分〉

■税関には輸入申告価格が正しいと述べていた

「納税者の代表者は、税関職員に対しては、輸入申告価格が正しくて、仕入価格は過大計上されていると言っていますよ」

「自分から仕入価格が間違っていることを認めているから、話は簡単ね」

本件の輸入取引については、先に、税関が関税と輸入消費税の調査に着手しており、納税者の代表者は、税関職員には、アパレル商品の輸入申告価格が正しいと説明していました。つまり、関税と輸入消費税との関係では、正しい申告をしていたと説明したわけです。そのため、納税者は、税関からは処分されませんでした。

しかし、そうすると、納税者の代表者は、アパレル商品の仕入価格が間違っていたことを自白したのも同然ということになります。そこで、税務当局は、仕入価格が過大計上されていたとして、平成27年1月期から平成29年1月期までの期間について法人税を増やす処分をしました。

時系列のイメージ

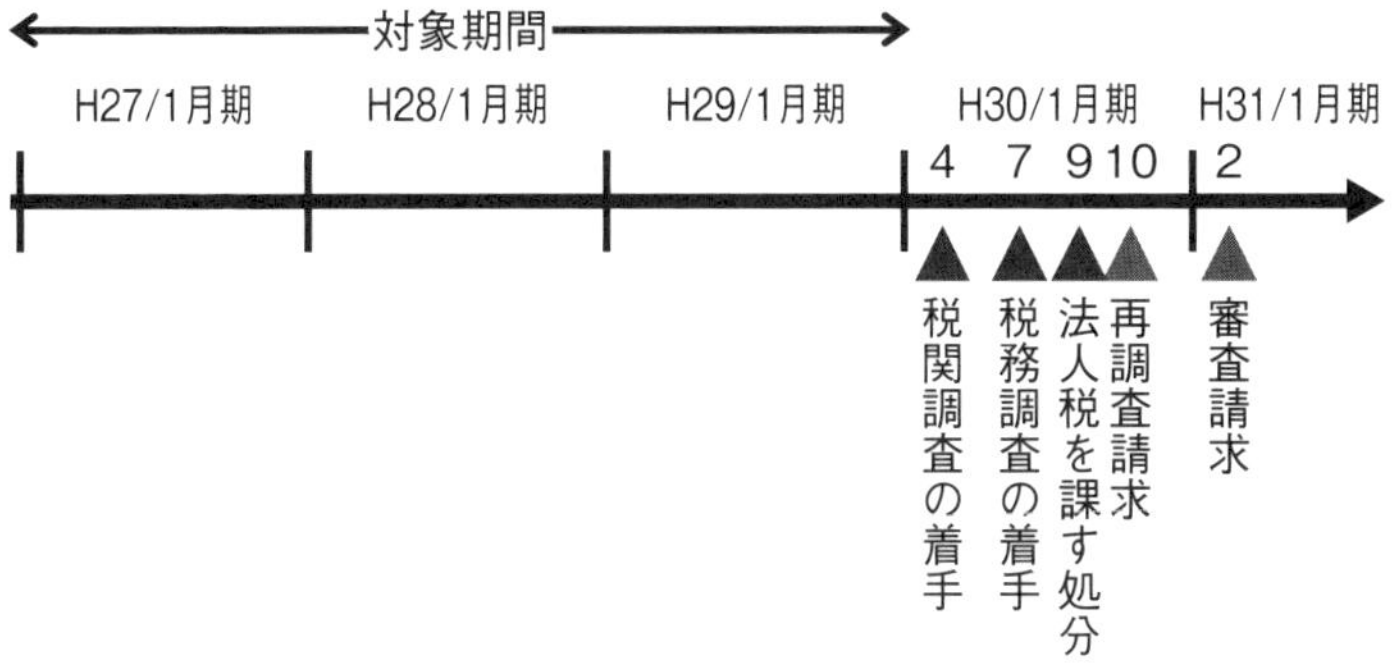

■重加算税を課す処分と青色申告承認取消処分

「初めから輸入申告価格が正しいと分かっていたんだったら、わざと仕入価格を過大計上したことになりますね」

「ちょっと悪質すぎるじゃない。重加算税を課すだけじゃなく、青色申告の承認も取り消すべきよ」

税務当局は、納税者が、わざと事実を歪曲して法人税を過少申告していたとして、法人税を増やす処分に加えて、税率の高い重加算税を課す処分をしました。さらに、税務当局は、同じ理由から、青色申告の承認も取り消してしまいました。しかし、納税者は、実際には仕入価格の方が正しいと考えていました。そこで、審査請求に踏み切りました。

〈審判所が示した判断〉

■まず客観的事実と価格との整合性を検証した

さて、審判所はどう判断したでしょうか？

審判所は、まず、本件の輸入取引に係る客観的事実と仕入価格との整合性を検証しました。納税者が仕入価格として会計帳簿に計上した金額は、おおむね、仕入会社が納税者に対して送付した請求書に基づいて計算されており、実際に、その金額が仕入会社の指定した口座に振り込まれていました。

仕入会社が納税者に対して送付した請求書には、アパレル商品の単価が人民元又は米国ドルで設定され、一定の固定レートで日本円に換算した請求金額が記載されていました。

他方、中国の輸出業者が独自に作成した請求書には、単価も含め、米国ドルで商品価格が記載されていました。また、日本の通関業者は、この商品価格を通関時の税関の公示レートで日本円に換算し、これに基づいて税関に申告する輸入申告価格を計算していました。輸入申告価格が仕入価格を下回った原因は、主に日本円への換算レートの違いによるものでした。

そして、納税者は、審査請求をした後、本件の輸入取引に係る輸入申告について、仕入会社が作成した請求書の金額に基づいて修正申告を行い、追加の関税と輸入消費税を、延滞税と共に支払っていました。

■次に納税者の自白の信用性を検討した

次に、審判所は、納税者の代表者による税関職員に対する説明の信用性を検討しました。税関職員に対する説明からは、税関に申告した輸入申告価格が正しい価格であるという具体的理由が明らかではなく、中国の輸出業者が作成した請求書以外には、これを裏付ける客観的証拠がありませんでした。さらに、納税者が実際に仕入会社の口座に振り込んだ金額とも整合しないものでした。

納税者の代表者は、審判所に対し、仕入価格と輸入申告価格の設定経緯を述べた上で、税関職員から、自分の回答を記録した書面に署名押印すれば、関税等を追加で支払わなくとも税関調査を終了すると言われたので、ラッキーだと思って、真実とは違うことを知りながら、署名押印したなどと釈明しました。

納税者の代表者の釈明は、仕入会社の請求書や輸入申告書の記載内容を一応合理的に説明するもので、仕入会社における仕入価格との関係など客観的証拠による裏付けがある部分もありました。また、納税者は、本件の輸入取引に係る輸入申告について、代表者の釈明に沿う内容で修正申告をし、追加の関税等の支払までしていました。

審判所は、納税者の代表者が税関職員に対しウソの説明を行った理由について、関税を逃れるためという動機もあり得ることからすれば、代表者の釈明が虚偽であるとして排斥することまではできないと判断しました。

そして、税関職員に対する説明は、客観的事実と整合しない部分があり、これに沿う証拠もないことから、採用することができないとして、納税者がアパレル商品の仕入価格として計上した金額が正しかったことを認めました。結局、審判所は、法人税を増やす処分、重加算税を課す処分及び青色申告の承認を取り消す処分をいずれも取り消したのです。

＜見解の相違を解消するヒント＞

■自分に不利なことを言ってしまった場合

刑事裁判では、何人も、自分に不利益な唯一の証拠が本人の自白である場合には、有罪とされ、又は刑罰を科せられることはありません（憲法38③）。被疑者は、ともすれば捜査機関にウソの自白をさせられることがあるので、自白を信用できるかどうかを、自白以外の証拠も踏まえ、慎重に検討することが必要とされているのです。

しかし、税務の世界には、刑事裁判のように厳格なルールはありません。納税者が自分に不利なことを言ってしまったら、それを決め手として課税処分が課されることもあります。

■客観的事実に基づく反論は可能だが……

納税者の自白を根拠として課税処分が課された場合でも、それと相反するような客観的事実が存在することを理由に反論することは可能です。本件でも、税関職員に対し、ウソの説明をしてしまったこと自体は決して褒められたことではありませんが、その説明と相反する仕入会社に対する振込金額の記録といった客観的事実に基づいて反論することには成功しました。

もっとも、主観的な認識や目的が問題となる場合など、客観的な事実に基づく反論が容易ではない場合もあり、納税者の自白が最終的に決め手となってしまうこともあります。

税務調査では、さまざまなプレッシャーや動機から自分に不利なことを言ってしまうような局面もあるかもしれませんが、それで課税処分が決まってしまう可能性があることに留意する必要があります。

裁決例⑭

借入金が存在するかのように装った？

令和3年6月3日裁決・裁決事例集No．123

＜納税者が引き受けた債務＞

■お父さんに一時的にカネを貸し付けた

「信用金庫がカネを貸してくれないんだけど、どうしたらいいんだ？」

「分かりました。私の方から一時的にお貸しすることにしましょう」

今回の納税者は、お父さんの長男です。お父さんは、平成29年8月に亡くなったので、納税者と弟の2人が相続人になりました。

お父さんは、亡くなる前の5月に、納税者と弟のみが株主である不動産管理会社と共に、共同住宅を購入しました。その代金については、当初は、お父さんが信用金庫から借りたカネを不動産管理会社に一旦貸し付けて、不動産管理会社がそのカネから支払う予定でした。

ところが、お父さんは信用金庫からカネを借りることができませんでした。そこで、納税者と相談した結果、お父さんは、納税者から一時的に500万円を借りて、不動産管理会社に貸

親子間の貸付けの関係

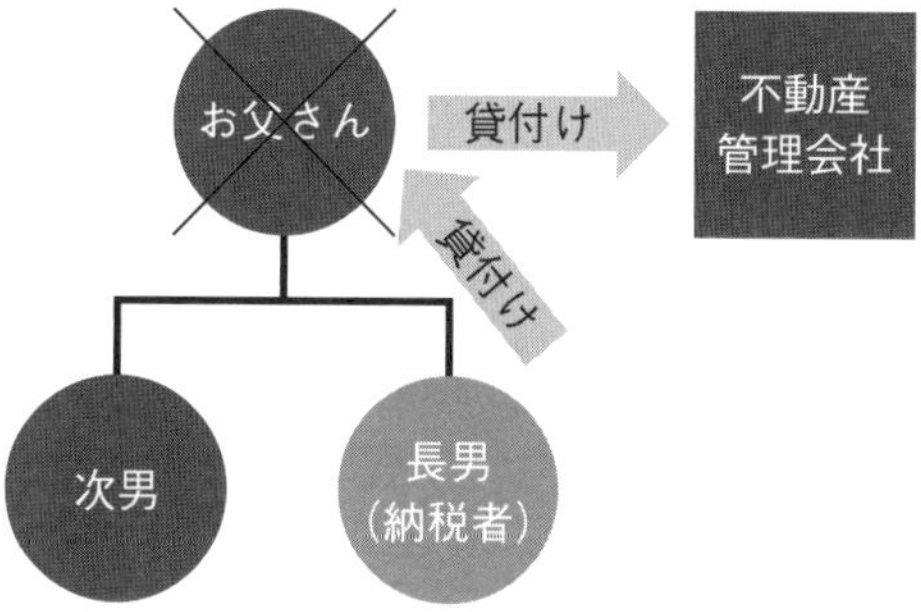

し付けることになり、納税者とお父さんとの間で５００万円の貸付けに関する契約書も作成されました。

■お父さんがカネを借りている場合の相続税

ところで、相続税は、それぞれの相続人が相続により取得した財産の合計額をベースに計算されますが、相続開始の際に現に存在する被相続人の債務のうち相続人が負担することとした部分の金額は、一般にその相続人が取得した財産の価額から差し引かれます（相法13①一）。

納税者は、被相続人であるお父さんが借り入れた５００万円の債務を負担することにしたので、相続により取得した財産の価額から５００万円を差し引いて、相続税の申告をしました。

問題となったのは、お父さんが本当に納税者から５００万円を借りていたのか、それとも、お父さんが納税者から借りたように納税者が装っていただけかです。もし、そのように装っていただけだとすると、納税者が相続により取得した財産の価額から５００万円を差し引くことができないだけでなく、お父さんが借りたように仮装して相続税を少なく申告したということで、重加算税の問題となり得るからです。

〈税務当局が下した処分〉

■借りていたかのように装っていたとして処分

「お父さんの口座じゃなくて、不動産管理会社の口座に直接カネが振り込まれています」

「なんですって、それじゃお父さんに対する貸付けの契約書は、でっちあげってこと？」

税務調査官は、税務調査の中で、５００万円のカネの流れを調べました。そして、納税者は、不動産管理会社の口座に直接５００万円を振り込んでいたことを突き止めました。そこで、この点について納税者に問い質しました。

その結果、納税者は、５００万円の借用にお父さんは関与しておらず、実際には納税者からお父さんへの貸付けは行われていないことを認めました。そして、相続により取得した財産の価額から５００万円を差し引いたのは誤りだったとして、相続税の修正申告をしました。

そのため、税務当局は、お父さんが５００万円を借りたように仮装して相続税を少なく申告したものとして、納税者に対し重加算税を課す処分を下しました。

時系列のイメージ

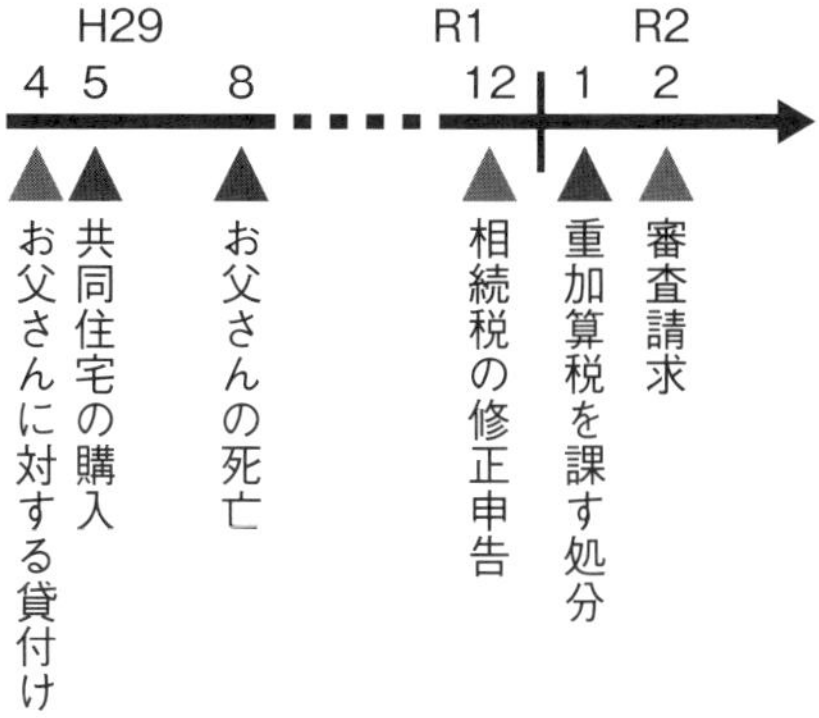

■本当は貸したつもりだったのに……

「言われたとおりに認めたら重加算税なんて、ひどいじゃないか。本当はお父さんに貸していたのに」

納税者は、お父さんの口座に５００万円を直接送金していないのであれば、相続により取得した財産の価額から差し引くことは認められないと、税務調査官から言われました。それで、これが認められないなら、お父さんに貸したかどうかはどっちでもよいと思い、税務調査官に言われたとおりにお父さんには貸していなかったことを認めただけでした。

しかし、自分が認めたことにより重加算税を課されるとは、想定外でした。そこで、納税者は審査請求に踏み切りました。

〈審判所が示した判断〉

■お父さんが借りたことは不自然とは言えない

さて、審判所はどう判断したでしょうか？

審判所は、まず、重加算税が課される場合について確認しました。

重加算税は、税金を課す要件に係る事実を隠蔽し又は仮装する方法によって税金を少なく申告した場合に課されます（通法68①）。ここでいう「事実を仮装する」とは、所得、財産あるいは取引上の名義等に関し、あたかも、それが事実であるかのように装うなど、わざと（故意に）事実を歪曲することをいう旨確認しました。

もっとも、お父さんが500万円を借りたように納税者が仮装したかどうかの判断に当たっては、その前提として、お父さんが納税者から500万円を借りていたかが問題となります。

この点について、お父さんは、共同住宅の代金について、当初は、信用金庫から借りたカネを不動産管理会社に一旦貸し付ける予定でしたが、信用金庫から融資を断られていました。

こうした融資のとん挫の経緯や、500万円が共同住宅の代金決済日の直前に入金されていることや、契約書の表題に一時的な貸借であることを意味する「一時」と付されていることなどから、納税者がお父さんに500万円の貸付けをすることとしたとしても、不自然とまではいえないと審判所は判断しました。

■納税者の誤解に基づく回答であった可能性

税務当局は、納税者がお父さんに対し５００万円を貸し付けておらず、相続により取得した財産の価額から存在しない債務を差し引いて相続税の申告をしたことを認める旨の回答記録（質問応答記録書）を提出して反論しました。

しかし、この回答を除くと、納税者は、お父さんに５００万円を貸し付けて、お父さんからさらに不動産管理会社に貸し付けたこと、納税者とお父さんとの間の契約書は、これらの事実に基づいて作成したものであることを一貫して述べていました。

また、税務調査官は、税務調査の中で、お父さんの口座に直接入金していないのであれば、５００万円に係る借入金は存在しないことになると納税者に説明していました。そのため、納税者は、お父さんと不動産管理会社のいずれへの貸付けであるかについては特に重視していないことが窺えるので、税務調査官の説明を受けて、お父さんに対する貸付けではなかったということでも構わないという認識で回答していた可能性がありました。

そうすると、質問応答記録書の記載内容をもって、５００万円に係る借入金の存在を否定することまではできないし、納税者に５００万円がお父さんの債務となるよう仮装をした事実やその意思があったとまでは認めることはできないと審判所は判断しました。

そして、契約書にわざわざ「一時」と記載されていることなどの事情に照らすと、暫定的に納税者からお父さんに対する貸付けが行われた可能性もあるから、直接送金がされていない事実をもって、直ちに納税者から不動産管理会社への貸付けであったと認定することもできないと判断しました。

〈見解の相違を解消するヒント〉

■質問応答記録書は税務当局の武器

質問応答記録書とは、税務調査官の質問とそれに対する納税者その他の関係者の回答を一問一答の形式で取りまとめた書面をいいます。

審査請求で重加算税が争点になっているとき、税務当局は、ほぼ確実に、質問応答記録書を証拠資料として提出してきます。これは、重加算税の要件となる「わざと（故意に）」事実を歪曲したことを立証するためには、納税者自身の認識を証拠資料で固めることがどうしても必要になるからです。

このように、質問応答記録書は、税務当局の武器として活用することが想定されているので、税務当局のストーリーに沿う方向で作成されることが一般的です。そのためか、税務調査官が誘導尋問をしているのではないかと感じることがままあります。

■税務調査官の誘導による回答であった可能性

本件でも、納税者は、質問応答記録書では、お父さんに対し５００万円を貸し付けておらず、相続により取得した財産の価額から存在しない債務を差し引いて相続税の申告をしたことを認めていました。

しかし、審判所は、この回答は、税務調査官の説明により納税者が誤解をして誤った回答をした可能性があるとして、質問応答記録書の信用性を否定しました。

質問応答記録書が提出されたときは、税務調査官の誘導尋問に乗って誤った回答をしていないか、よくよく検証することが必要です。

裁決例⑮　外部からも意図がわかるような行動？

令和3年2月5日裁決・裁決事例集No．122

〈納税者がもらった財産〉

■お父さんの死亡共済金を受け取った

「お父さんの死亡共済金の支払を農協に請求しておくよ、母さん」

「分かったわ。じゃあ、お願いするわね」

今回の納税者は、平成29年3月に亡くなったお父さんの二男です。お母さんと二男と三男の3人が相続人となりました。

お父さんは、生前に、農協との間で、被共済者をお父さん、死亡共済金の受取人をお母さんとする生命共済に係る契約（生命保険に類似する契約）を締結していました。

納税者は、お父さんの死後に、お母さんの了承の下、死亡共済金の支払請求手続を行い、平成29年4月、4000万円の死亡共済金が、農協のお母さん名義の口座に振り込まれました。

相続人が死亡保険金や死亡共済金を受け取った場合は、一般に相続によりそれを取得したも

家族関係

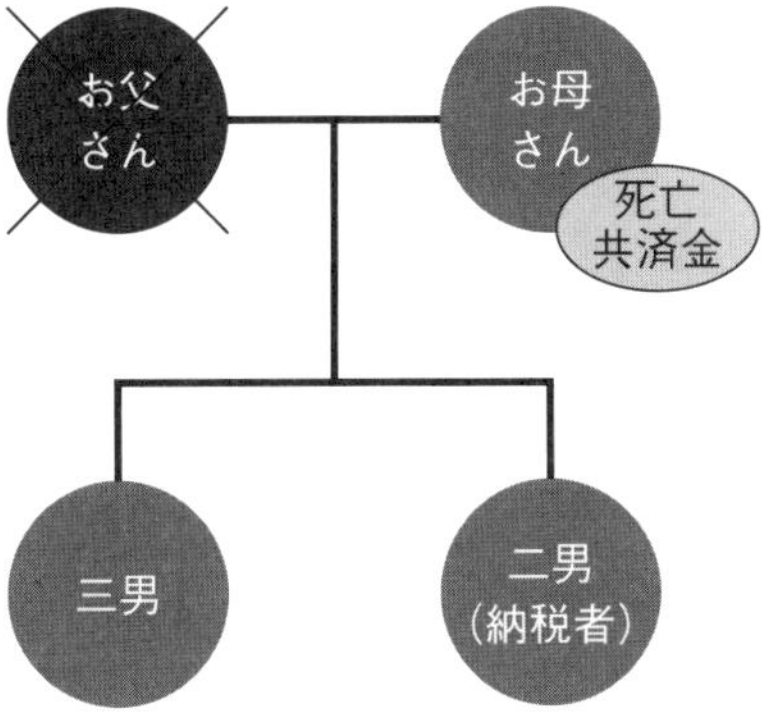

のとみなされます（相法3①一）。しかし、本件の相続人が提出した当初の相続税申告書には、受け取った死亡共済金の記載がありませんでした。

問題は、当初の相続税申告書から死亡共済金の記載が漏れていたのは納税者の隠蔽や仮装によるものとして、納税者に対し重加算税が課されるかどうかです。

■外部からも意図が分かるような行動をしたか

重加算税の制度は、納税者が隠蔽や仮装という不正手段を用いて過少申告をした場合に、重い行政上の制裁を科して、悪質な納税義務違反の発生を防止しようとするものです（通法68①）。

したがって、重加算税を課すためには、過少申告行為そのものが隠蔽や仮装に当たるというだけでは足りず、過少申告行為そのものとは別に、隠蔽や仮装と評価すべき行為が存在し、これに合わせた過少申告がされたことが必要とされています。

もっとも、上記の重加算税制度の趣旨から、納税者が、当初から過少に申告することを意図し、外部からもその意図が分かるような特別な行動をした上で、その意図に基づく過少申告をしたような場合には、重加算税を課すことができるものと解されています。

〈税務当局が下した処分〉

■申告すべきことを知りながらことさらに隠した

「納税者は、死亡共済金を申告すべきことを知っていたはずでしょう？」

「それなのに、税理士には生命保険金は1つしかないと言っているわ」

納税者は、相続税の申告を依頼していた税理士から、死亡保険金は相続税の申告すべき財産になるという説明を受けていました。それで、別途受け取っていた800万円の死亡保険金については、税理士に伝えて、相続税申告書に記載していました。

しかし、納税者は、税理士に対し死亡共済金の存在を伝えませんでした。

そのため、当初の相続税申告書に記載されていないことを認識しながら敢えて指摘しなかったに違いないと、税務当局は判断しました。そして、納税者は、相続税申告書から死亡共済金を除外する意図をもって、税理士に対してことさらにその存在を隠したものとして、重加算税

時系列のイメージ

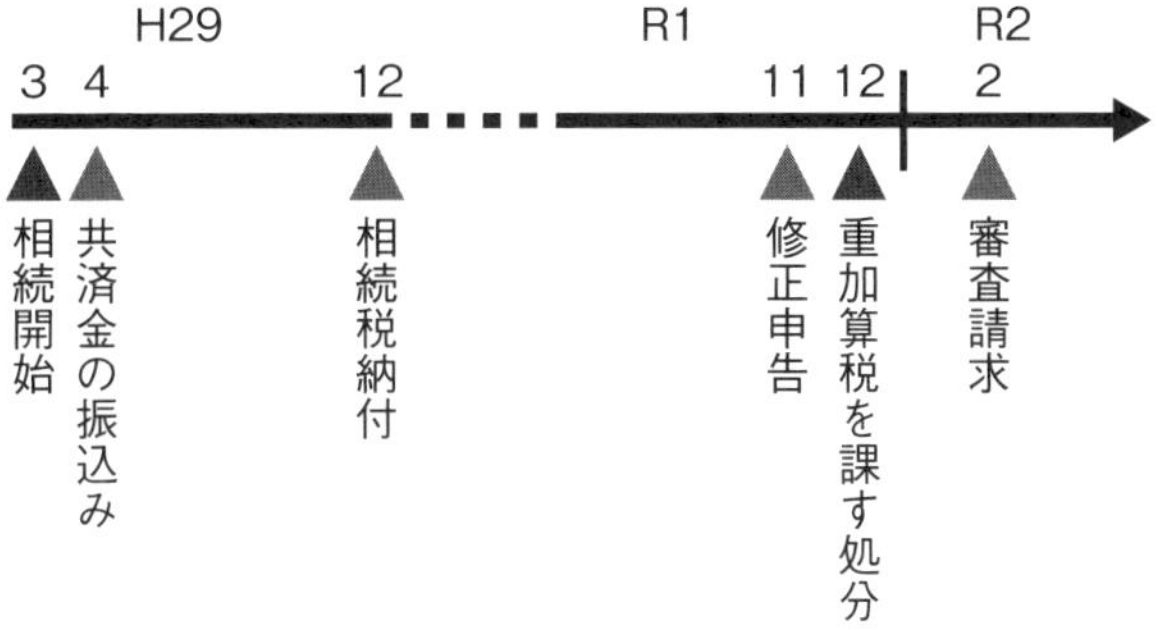

を課しました。

■うっかりしていただけだったのに……

「ホントは、うっかりしていただけなんだけどナ……」

納税者は、税務調査において、相続税申告書から死亡共済金の記載が漏れていると指摘を受けたので、これを素直に認めて修正申告書を提出しました。

また、税務調査の中で、相続税申告書から死亡共済金の記載が漏れていたことについて、一旦はうっかりとはいえないと発言していました。

しかし、実際には申告当時の記憶が曖昧になっており、改めて申告当時のことを思い出してみると、わざと相続税申告書から死亡共済金を除外したという意識はありませんでした。

そこで、審査請求に踏み切りました。

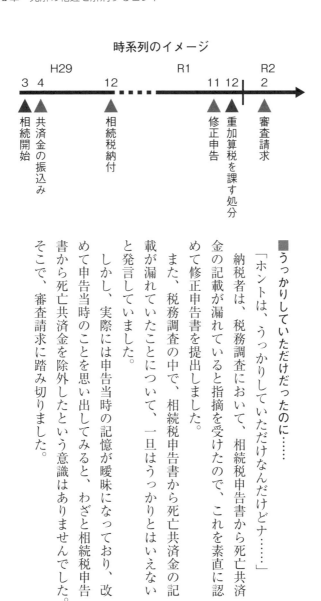

〈審判所が示した判断〉

■死亡共済金を申告すべきことを知っていたか

さて、審判所はどう判断したでしょうか？

審判所は、まず、納税者が当初の相続税申告書を提出するときに、死亡共済金について相続税の申告すべき財産であることを認識していたといえるかどうかを検討しました。

前述のように、納税者は、税理士から死亡保険金が相続税の申告すべき財産であるという説明を受けて、死亡保険金については申告していました。そうすると、死亡共済金については相続税の申告すべき財産ではないと誤解していたというのもおかしな話なので、死亡共済金も相続税の申告すべき財産であることを認識していたと推理するのが合理的と判断しました。

納税者は、審査請求において、最終的には、死亡共済金は相続税の申告すべき財産ではないと誤解していたと主張しました。もっとも、審査請求段階でも、当初は、死亡共済金は相続税の申告すべき財産であることを認識していたことを前提とする主張をしていました。

そのため、死亡共済金が相続税の申告すべき財産ではないと誤解していたという主張は、合理的な理由もなく途中で変わったものにすぎないと判断されてしまいました。

■ことさらに死亡共済金の存在を隠したか

次に、審判所は、納税者が税理士に対してことさらに死亡共済金の存在を隠したといえるかどうかについて検討しました。

納税者から相続税に係る資料の提出を受けたとき、税理士は追加提出を依頼すべき資料があるかを検討しておらず、納税者に対する具体的な確認もしていませんでした。当初の相続税申告書の作成に当たっても、税理士は納税者にその内容を具体的に説明していませんでした。

そのため、当初の相続税申告書から死亡共済金の記載が漏れていたとしても、納税者がそのことを具体的に認識していたとまではいえず、税理士に対してことさらに死亡共済金の存在を隠したとまではいえないと審判所は判断しました。

税務当局は、納税者が当初の申告時に税理士に対し「生命保険金は1つしかない」と説明したと主張しました。しかし、その説明がなされた文脈がはっきりせず、相続税の申告すべき財産として「生命保険金は1つしかない」と説明したことを裏付けるような事情はありませんでした。

また、税務当局は、納税者が、税務調査の中で、相続税の申告書から死亡共済金が漏れていたことについて、一旦はうっかりとはいえないと発言していたのに、後からうっかりしていただけなどと発言を変えたと主張しました。しかし、当初は納税者の記憶が曖昧であったが、その後の税務調査の過程で、記憶が喚起されていったことが窺えると審判所は判断しました。むしろ、納税者は死亡共済金の申告漏れを指摘された後、遅滞なくそれに応じて修正申告書を提出していました。そこで、納税者は当初から過少に申告することを意図し、外部からもその意図が分かるような特別の行動をした上、その意図に基づく過少申告をしたような場合に該当するとまではいえないとして、審判所は、重加算税を課す処分を取り消しました。

〈見解の相違を解消するヒント〉

■発言の内容が途中で変わった場合

世間では、発言がころころ変わる人は、なかなか信用してもらえません。そのため、納税者の発言が税務調査や審査請求の途中で変わった場合には、納税者の発言は信用できないものとして不利に判断されてしまいがちです。

もっとも、人間の記憶は、思いのほか不確かなものです。強く印象に残っていることなら話は別ですが、数年前の出来事を正確に思い出して表現することは、必ずしも容易ではありません。記憶がいつの間にか別の記憶に置き換わっているというようなことをもまま起こります。

したがって、発言の内容が途中で変わった場合には、直ちに信用できないものとして排斥してしまうのではなく、発言が変わった理由や背景を掘り下げて考えてみることが大切です。

■曖昧だった記憶が調査中に喚起されていった

　本件では、審査請求段階における主張の変更については、合理的な理由がないとされて、死亡共済金が相続税の申告すべき財産ではないと誤解していたという主張は否定されました。もっとも、税務調査段階における発言の変更については、曖昧だった記憶がその後の税務調査の過程で喚起されていったものとして、変更後の発言の信用性を認めました。

　税務調査の中で、税務調査官に急に突っ込まれて一旦はそうかもしれないと思ったものの、後で冷静に考えて思い出してみると違っていたということは、日常生活の中でもあり得る話といえるでしょう。

裁決例⑯　税負担が不当に減少するか？

令和３年５月20日裁決・裁決事例集Ｎｏ．１２３

〈納税者がもらった財産〉

■お爺さんが納税者の口座にカネを入金した

「おい、お寺の口座にお金をまとめて入れておくからな」

「承知しました。ありがとうございます」

今回の納税者は、お寺として設立された宗教法人です。お爺さんは納税者の住職を務めていましたが、平成28年８月に亡くなったので、お爺さんの長男であるお父さんが、お爺さんから納税者の住職を引き継ぎました。

また、その妻であるお母さんが、平成18年にお爺さんから納税者の経理担当を引き継ぎ、納税者の法要収入等を記録しているノートも併せて引き継いでいました。お爺さんは、亡くなる前の平成27年４月に、自分の銀行口座からカネをまとめて払い出して、納税者の銀行口座に入金していました。

お寺と住職一家との関係

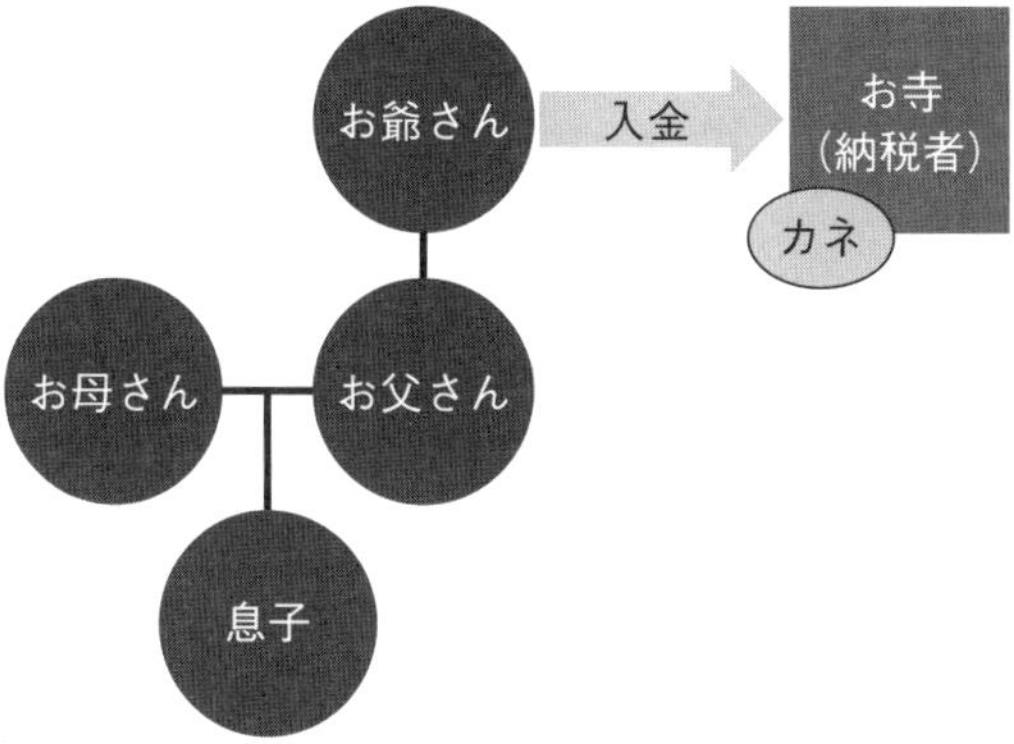

問題となったのは、お爺さんが入金したカネについて、納税者がお爺さんからもらったものとして、納税者に対し贈与税が課されるかどうかです。

■法人が個人から財産をもらうとき

ところで、贈与税は、一般に、個人が別の個人から財産をもらうときに課される税金です（相法1の4）。もっとも、法人が個人から財産をもらうときでも、贈与税が課されることがあります。例えば、宗教法人が個人から財産をもらうことにより、その個人の親族の相続税又は贈与税の負担が不当に減少するときは、宗教法人に対して贈与税が課されます（相法66④）。それにより、宗教法人がもらった財産の使用、収益を親族が事実上享受し、又はその財産が最終的に親族に帰属するような状況にある場合に、税負担に著しく不公平な結果をもたらさないようにするためです。

したがって、相続税又は贈与税の負担が不当に減少するかどうかは、もらった時点において、宗教法人の社会的地位、定款の定め、役員の構成、収入支出の経理及び財産管理の状況等からみて、財産をあげた個人やその親族が、宗教法人の業務、財産の運用及び解散した場合の財産の帰属等を実質上私的に支配している事実があるかにより判断すべきと解されています。

〈税務当局が下した処分〉

■納税者を私的に支配していたとして課税処分

「お寺の収入を生活費として使っちゃっていますよ」

「息子さんの家もお寺の敷地内に建てているし、どうみても私的に支配しているわね」

お母さんは、お爺さんから引き継いだノートに、納税者の業務に係る収入等を継続的に記録していましたが、そのノートには、お寺の収入を生活費として使っているとも読めるような記載がありました。また、平成26年には、お父さんの息子が居住する家が、納税者の敷地内に新築されていました。

さらには、お爺さんが平成27年4月にカネを入金した当時、お爺さんとお父さんが納税者の役員を務めており、3名の役員のうち2名を住職一家が占めていたので、住職一家が納税者の業務を自由に裁量できる立場にあるようにみえました。

時系列のイメージ

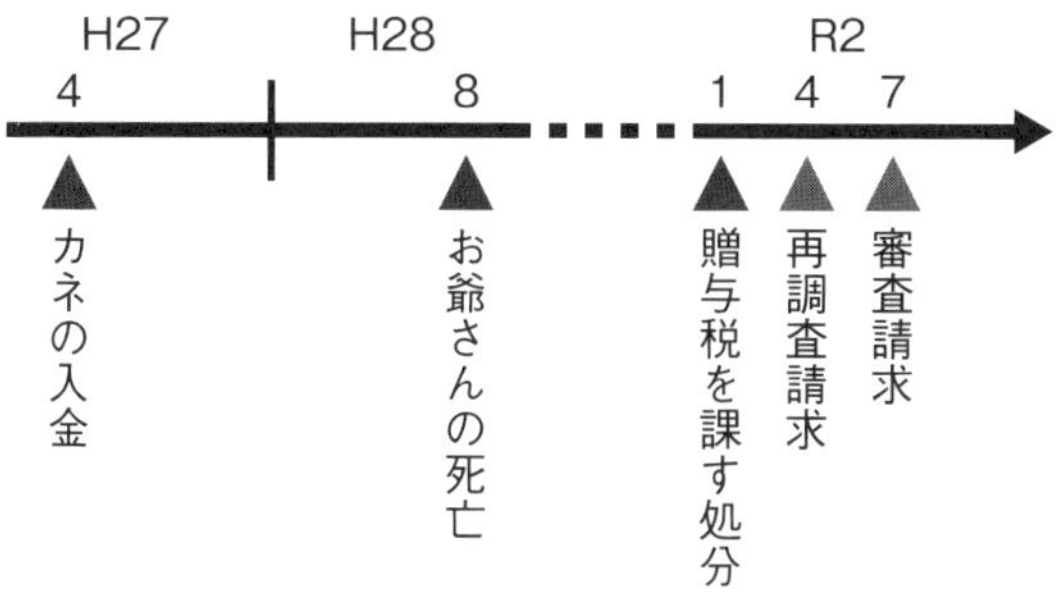

そこで、税務当局は、住職一家が納税者を私的に支配していたとして、お爺さんが入金したカネについて、納税者に対し贈与税を課す処分を下しました。

■私的に支配しているとはいえないと反論

「お寺を私的に支配しているなんて、とんでもないよ！」

納税者は、お寺の規則に従って、門徒代表として3名の総代を定めていました。そして、役員3名に総代3名を加えた計6名の合議制でお寺の運営を行っていました。門徒代表である総代3名は、主要建物の新築や境内地の用途変更等の重要事項の承認など、お寺の適正な運営に欠かすことができない存在だったというわけです。

そこで、納税者は、税務当局に再調査の請求をしましたが、棄却されてしまったので、審判所に審査請求をすることにしました。

〈審判所が示した判断〉

■私的に業務を運営していたとまではいえない

さて、審判所はどう判断したでしょうか？

審判所は、まず、住職一家が納税者の業務を私的に運営していたかどうかを検討しました。

確かに、お爺さんがカネを入金した当時、住職一家が納税者の役員の3分の2を占めていましたが、納税者の業務や財政状況等に関する報告を総代に対して随時行っていました。息子の家を納税者の敷地内に新築して、息子を居住させることについても、お寺の規則に従って、総代全員から同意を得ていました。

また、お爺さんとお母さんは、納税者の業務に係る収支を継続してノートや出納帳に記録していました。お爺さんが入金したカネも、納税者が県に提出している財産目録に、納税者の財産としてちゃんと記載されていました。

そのため、住職一家による納税者の業務運営や財産管理については、総代が相当程度に監督しているものといえ、住職一家が私的に業務を運営していたとまではいえないと審判所は判断しました。

■私的に財産を使用していたともいえない

次に、審判所は、住職一家が納税者の財産を私的に使用していたかどうかを検討しました。収支を記録したノートには、平成19年分の集計箇所に「支出442万、生300万」、平成20年分の集計箇所に「支出3580000、生活2400000」という記載がありましたが、概括的な記載で具体的内訳が示されていないため、納税者の業務運営とは無関係の私的な支出が記載されたものとまではいえないと判断しました。

また、この記載は、お爺さんによるカネの入金から6年以上前の年分に関する記載であり、平成21年以降のノートや出納帳には、私的な生活費のために納税者の財産が支出されたことを示す記載はありませんでした。

もっとも、納税者は、税務当局の再調査において、「月20万円は家族全員がそれぞれ必要に応じ、食費・外食費・交際費に使用したほか、衣服、書籍、日用品などの購入に充てていました」と回答していました。

しかし、この回答は、支出された時期、頻度、金額等の具体的な内容が記載されていない概括的なもので、毎月20万円の支出が納税者の業務に必要な支出である可能性も否定できないから、住職一家が納税者の財産から私的な生活費を支出した事実やその具体的金額を示しているものとはいえないと判断しました。

なお、息子は、お父さんと共に僧侶として継続的に納税者の業務に従事しており、息子の家は僧侶としての職務を遂行するに当たり必要な庫裏とみるのが相当としました。

結局、審判所は、お爺さんがカネを入金した当時、住職一家が納税者の財産を私的に使用していたともいえず、納税者を実質上私的に支配していたとはいえないとして、贈与税を課す処分を取り消したのです。

〈見解の相違を解消するヒント〉

■納税者は自ら不利な回答をしているが……

えっ、これでも納税者の財産から私的な生活費を支出したことにならないのか、と驚いた方もいらっしゃるかもしれません。

確かに、納税者は、再調査において毎月20万を生活費として支出したとも受け取れる回答をしています。納税者自ら不利なウソはつかないのが通常であるという経験則からすると、私的な生活費の支出があったという判断もあり得ます。

他方、平成21年以降のノートや出納帳には、私的な生活費のために納税者の財産が支出されたことを示す記載がなかったという、納税者の回答と矛盾する事実もありました。記録することが習慣化している帳簿は信用できるという経験則からすると、私的な生活費の支出はなかったという判断もあり得るでしょう。

■回答が具体性に欠けていたことを決め手に

審判所は、再調査における納税者の回答が具体性に欠けていたので、私的な生活費の支出があったとはいえないと判断しました。支出された時期、頻度、金額等の具体的な内容が分からないので、納税者の業務に必要な支出である可能性も否定できないことを理由としていますが、審判所としても、悩んだ末のぎりぎりの判断だったかもしれません。

このように相反する証拠が存在する微妙なケースでは、証拠の書きぶりにより判断が分かれることもあるので、証拠を提出するに当たってはよくよく留意すべきですが、本件では、概括的にしか回答を書いていなかったことが、逆に納税者に有利な方向に働きました。

5 当を得た経験則は武器になる

本節では、次の４つの裁決例について検討を加えていくことにします。

裁決例⓱：ビジネスモデルは頼りになる
（令和元年７月17日裁決・裁決事例集Ｎｏ．116）

裁決例⓲：モノのネダンはどう決まる？
（令和２年６月２日裁決・裁決事例集Ｎｏ．119）

裁決例⓳：対価を支払わないで利益を受けたか？
（令和３年７月12日裁決・裁決事例集Ｎｏ．124）

裁決例⓴：カネに換えられる？　換えられない？
（令和２年１月20日裁決・裁決事例集Ｎｏ．118）

裁決例⑰

ビジネスモデルは頼りになる

令和元年7月17日裁決・裁決事例集No．116

〈納税者が行った取引〉

■調剤薬品の仕入れに係る消費税の取扱い

「お薬を仕入れても、消費税が引けないんだよなあ……」

今回の納税者は、厚生労働大臣の指定を受けて保険薬局を営む会社です。納税者は、調剤を取り扱う事業において、問屋から仕入れた調剤薬品を健康保険法等の適用を受けて消費者に販売するほか、他の薬局に販売することもありました。本件で問題となったのは、調剤薬品の仕入れに係る消費税の取扱いです。

事業者は、調剤薬品を販売して稼いだ対価に課される消費税を申告して納める必要があります（消法5①）。問屋が納税者に調剤薬品を販売するときは、問屋は、納税者から対価と共に支払われる消費税を申告して納めます。納税者が他の薬局に調剤薬品を販売するときは、納税者は、他の薬局から対価と共に支払われる消費税を申告して納めるのです。

調剤薬品の販売の流れ

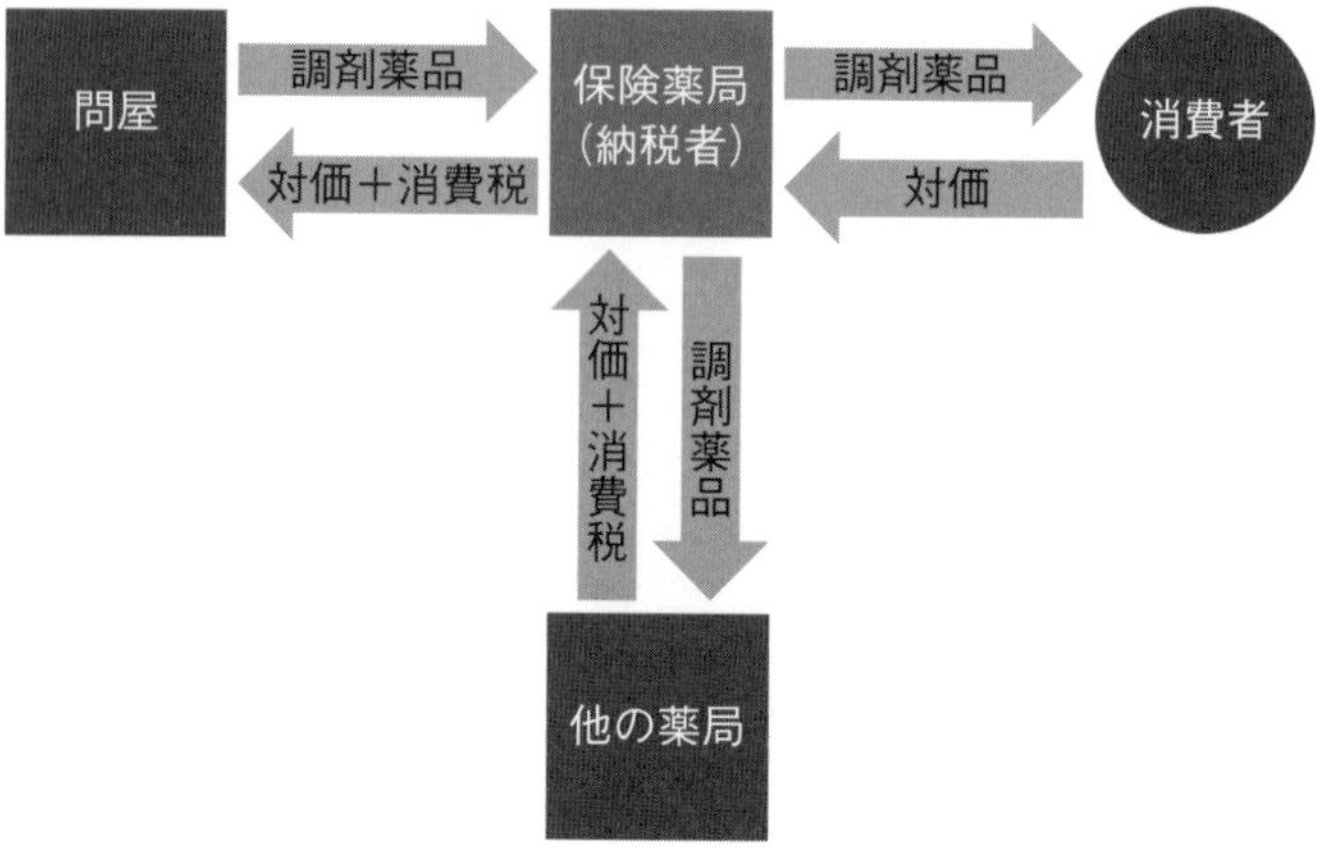

ただし、調剤薬品を健康保険法等の適用を受けて消費者に販売するときは、非課税とされており、消費税がかかりません（消法6①）。

■消費税の累積を避ける仕組み

ところで、消費税は、調剤薬品が流通する各段階で課されます。調剤薬品が問屋から納税者を経由して他の薬局に販売されるときは、消費税が二重に課されてしまうのです。そこで、消費税の累積を避けるために、事業者は、一般に納めるべき消費税から調剤薬品の仕入れに係る消費税を差し引けることとされています（消法30①）。

ただし、健康保険法等の適用を受けた消費者への販売のように消費税がかからない販売がある場合は、話が変わります。そのような販売のみのために調剤薬品を仕入れるものと整理しているときは、消費税の累積がないので、調剤薬品の仕入れに係る消費税を差し引けません。

もっとも、消費税がかからない販売に加え、他の薬局に販売するためにも調剤薬品を仕入れるものと整理しているときは、消費税の累積が部分的に生じるので、調剤薬品の仕入れに係る消費税の一部を差し引くことができます（消法30②一ロ）。

＜税務当局が下した処分＞

■納税者は消費税を減らすよう請求した

納税者は、平成25年9月期から平成28年9月期までの期間に課される消費税を申告して納めました。当初の申告においては、健康保険法等の適用を受けた消費者への販売のみのために調剤薬品を仕入れるものと整理して、納めるべき消費税から調剤薬品の仕入れに係る消費税を全く差し引いていませんでした。

「あれっ、他の薬局にも販売しているから、少しは消費税を引けるんじゃないか？」

納税者は、消費税がかからない販売に加え、他の薬局に販売するためにも調剤薬品を仕入れるものと整理すべきだったことに気が付きました。そうすると、納めるべき消費税から調剤薬品の仕入れに係る消費税の一部を差し引けるはずです。そこで、この対象期間にかかる消費税を減らすよう税務当局に請求しました。

時系列のイメージ

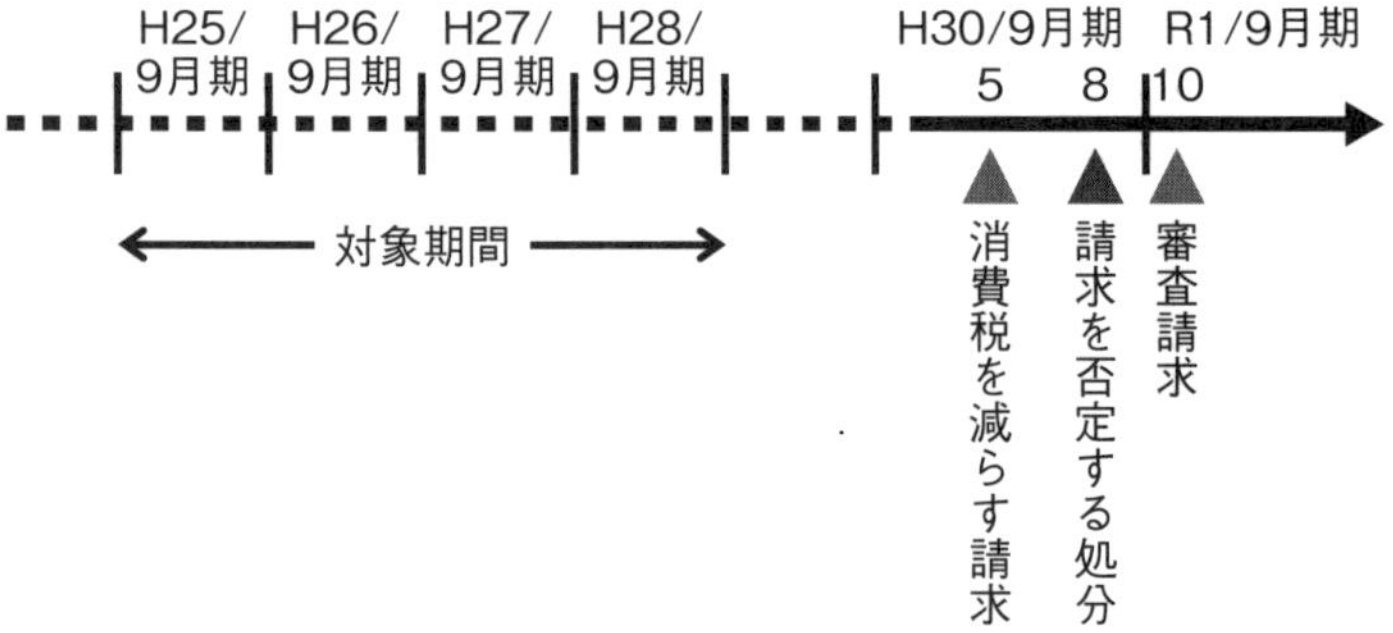

■税務当局は納税者の請求を否定した

「他の薬局に販売しているといっても、僅かでしょう?」

請求を受けた税務当局は、他の薬局に販売するためにも調剤薬品を仕入れるものと整理すべきだったかどうか、検討しました。そして、納税者は、もともと健康保険法等の適用を受けて消費者に販売する目的で調剤薬品を仕入れていたからこそ、当初の申告において、そのような消費税のかからない販売のみのために調剤薬品を仕入れるものと整理していたはずではないかと考えました。

加えて、他の薬局への販売に係る売上は全体の売上と比較すると僅かなので、消費税のかからない販売のみのために調剤薬品を仕入れるものと整理するのが合理的だと判断しました。そこで、税務当局は、納税者の請求を否定する処分をしました。

しかし、納税者は、納得がいきません。そこで、審判所に対し審査請求をしました。

〈審判所が示した判断〉

■何のために仕入れた調剤薬品かの判定

さて、審判所はどう判断したでしょうか？

まず、調剤薬品の仕入れに係る消費税を納めるべき消費税から差し引けるかどうかを判断するに当たり、何のために仕入れた調剤薬品であるか、その用途を判定する必要があります。

この用途の判定に当たり、審判所は、調剤薬品を仕入れた日の状況等に基づき、その仕入れをした事業者が有する目的、意図等諸般の事情を勘案し、当該事業者において行う将来の多様な取引のうちどのような取引に要するものであるのかを客観的に検討するべきだという考え方を示しました。

その上で、審判所は、納税者による調剤薬品の客観的な販売実態を検討しました。確かに、納税者は、問屋から仕入れた調剤薬品の大半を健康保険法等の適用を受けて消費者に販売していました。

もっとも、他の薬局から求められた場合には、他の薬局に対して調剤薬品を販売することがありました。この対象期間においても、そのような他の薬局への販売は、毎年３００回程度もあったのです。

■薬局間で調剤薬品を融通し合っていた

次に、審判所は、このように他の薬局に販売していた理由について検討しました。

実は、納税者は、毎年、日常的に他の薬局との間で調剤薬品を融通し合っていました。これは、厚生労働省のガイドラインにより、地域の薬局間で調剤薬品を融通し合うことにより、迅速に調剤薬品を調達できる体制を講じておくことが求められていたからです。

それにより、薬局業務を行う事業者が、薬局の地域保健医療の担い手としての公共的使命として、地域の実情に応じ必要な調剤薬品を備蓄するとともに、消費者が持参した処方箋に在庫のない調剤薬品が処方されていた場合に備えることとされていたのです。

また、納税者の調剤を取り扱う事業のビジネスモデルは、この対象期間の前から変わりませんでした。そうすると、納税者は、対象期間の前から、こうした他の薬局への販売を当然に行っていたということになります。

そのため、審判所は、納税者が問屋から調剤薬品を仕入れた日において、調剤薬品を一定数は必ず他の薬局へ販売する客観的状況にあったと判断しました。そして、納税者の請求に従い、納めるべき消費税から調剤薬品の仕入れに係る消費税の一部を差し引いて、消費税を減らすべきと結論づけました。

＜見解の相違を解消するヒント＞

■線引きがあいまいな用途の判定

事業者が何のために仕入れたのかという用途の判定については、納税者と税務当局との間の争いが絶えません。用途の判定は、上記のとおり、諸般の事情を勘案し、どのような取引に要するものであるのかを検討するべきとされているだけで、その線引きがあいまいだからです。最近も、マンション販売業者が仕入れに係る消費税を全部差し引けるかどうかが問題となったケースについて、判例・裁決例の判断が分かれています（東京地判令和2年9月3日、東京地判令和元年10月11日等）。判例・裁決例でも判断が分かれるのですから、税務調査段階で納税者と税務当局の見解の相違が生じるのは避けがたいといえるでしょう。

では、納税者としては、どのように見解の相違を解消すればよいでしょうか。そのヒントになるのが、納税者のビジネスモデルです。

■ビジネスモデルは頼りになる

本件では、納税者は、厚生労働省のガイドラインに沿って、日常的に他の薬局との間で調剤薬品を融通し合っているという調剤を取り扱う事業のビジネスモデルを詳細に説明しました。

それにより、単に納税者が他の薬局にも販売しようと思っていたという主観的な意図があったことを示すだけでなく、厚生労働省のガイドラインという客観的な証拠資料にも裏付けられた販売であったことを示すことができました。

加えて、他の薬局にも販売していたことを納税者のビジネスモデルに基づいて説明することにより、一時的に他の薬局にも販売していたというだけでなく、対象期間の前から継続的に他の薬局にも販売していたことを明確に示すことができました。

納税者のビジネスモデルは、納税者自身が誰よりも良く知っています。そのビジネスモデルが真実である限り、それを裏付ける証拠資料も、納税者の周りにたくさんあるはずです。他方、税務当局は、必ずしも納税者のビジネスモデルに詳しいわけではありません。そのため、見解の相違を納税者に有利に解消する上で、納税者のビジネスモデルに基づいて議論をすることがとても役に立ちます。

裁決例⑱　モノのネダンはどう決まる？

令和2年6月2日裁決・裁決事例集No．119

〈納税者が取得した財産〉

■線路沿いの宅地を相続で取得

「こんなにうるさいところでも、同じネダンなのかなあ？」

今回の納税者は、平成27年2月に亡くなったお父さんの息子です。納税者は、お父さんが所有していた線路沿いの宅地と市道沿いの宅地を相続により取得しました。

線路沿いの宅地は、その北西側の線路から30ｍ以内にあります。南東側には市道沿いの宅地が隣接しており、その南東側に市道があります。税務当局は、この市道について、これに接する宅地のネダンの基準として、毎年、1㎡当たりのネダンをつけています。市道沿いの宅地が面する区間の、平成27年分の1㎡当たりのネダンは、9万3000円でした。また、この地域では、線路沿いの宅地のネダンも、この1㎡当たりのネダンを基準とすることとされていました。

線路と宅地と市道の関係

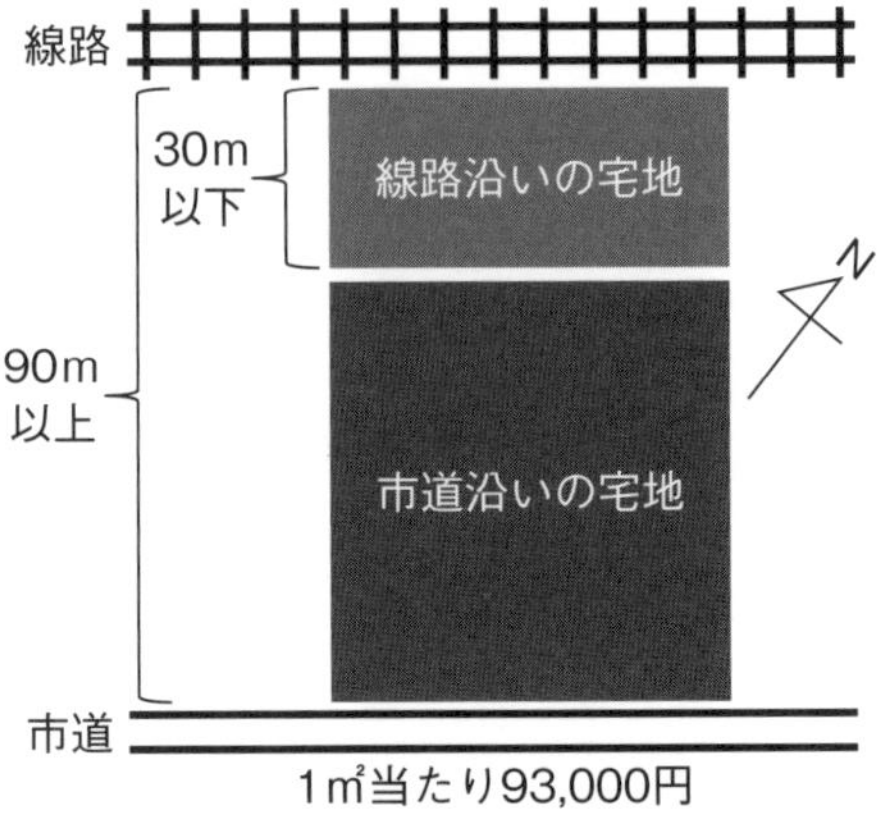

なお、この市道のうち、市道沿いの宅地が面する区間は、線路から90m以上離れています。それゆえ、この1㎡当たりのネダンは、線路を走る鉄道の騒音を考慮してつけられたものではありませんでした。

ヒトは、相続により取得したモノのネダンに応じて課される相続税を、申告して納める必要があります（相法11）。そのため、取得したモノのネダンをどう決めるのかが、よく問題となります。

本件で問題となったのは、線路沿いの宅地のネダンです。鉄道の騒音を考慮してネダンを下げるべきかどうかが争われました。

■税務当局のタックスアンサー

税務当局は、鉄道の騒音などで利用価値が著しく低下している宅地のネダンについて、利用価値が低下していないものとした場合のネダンの1割引にしてよいとするタックスアンサーを公表しています。

具体的には、①道路より高い位置にある宅地又は低い位置にある宅地で、その付近にある宅地に比べて著しく高低差のあるもの、②地盤に甚だしい凹凸のある宅地、③震動の甚だしい宅地、④騒音、日照阻害、臭気、忌み等により、その取引金額に影響を受ける宅地については、そのような影響がないとした場合のネダンの1割引にしてよいものとされています。

ただし、例えば、宅地のネダンを決める基準となる1㎡当たりのネダンが、もともと利用価値の著しく低下している状況を考慮してつけられている場合は、宅地のネダンを1割引にすることは認められません。

〈税務当局が下した処分〉

■納税者の請求

「このタックスアンサーによれば、ネダンを1割引にしてもいいんじゃないか？」

納税者は、既に相続税の申告を済ませていました。もっとも、このタックスアンサーを線路沿いの宅地に当てはめると、ネダンを1割引にしても良いはずだと思い直しました。実際に鉄道の騒音を測定してみたら、確かに、列車の走行により80デシベル以上の相当な騒音が生じていたからです。

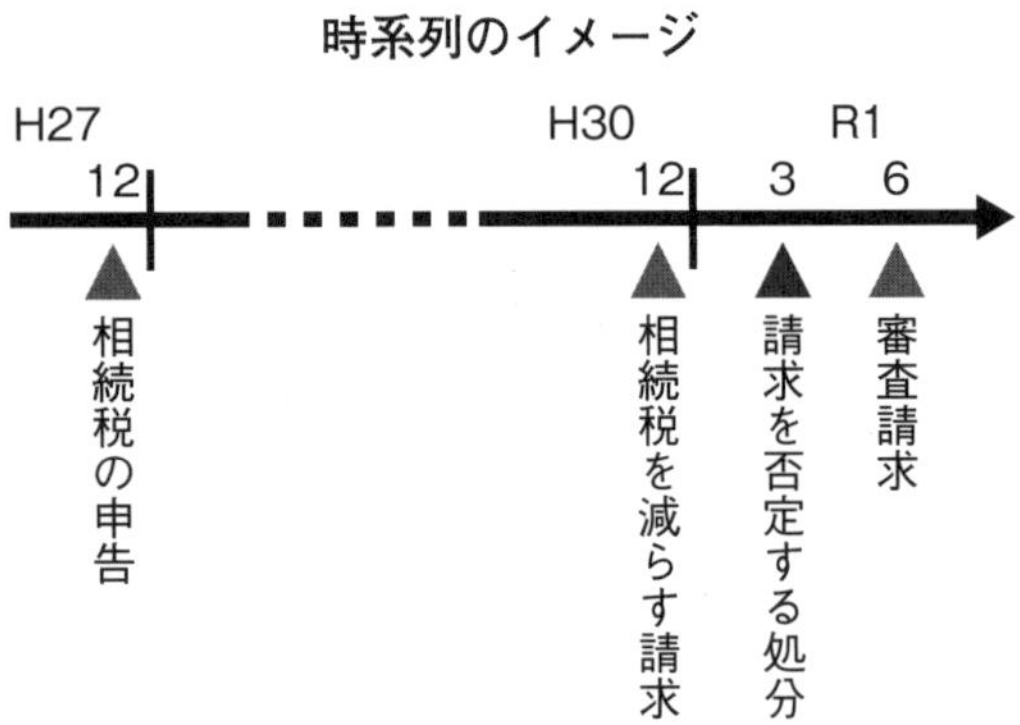

そうすると、モノのネダンに応じて課される相続税も減らせるはずです。そこで、納税者は、線路沿いの宅地のネダンを1割引にしたことを税額の計算に反映させて相続税を減らすよう、税務当局に請求しました。

■納税者の請求を認めない処分

「鉄道の騒音を測定したっていうけど、本当に信用していいのか？」

税務当局は、納税者の測定方法がよく分からなかったので、列車の走行により大きな騒音が実際に発生しているのかどうか、疑問に思いました。

「これでは、騒音によりネダンが下がることを確認できないじゃないか」

税務当局としては、騒音の有無を確認できなければ、ネダンを下げるわけにはいきませんので、納税者の請求を認めない処分をしました。

しかし、納税者は、実際に騒音を測定していますから、到底納得がいきません。そこで、審査請求をしました。

〈審判所が示した判断〉

■ネダンを下げるべきかどうかの判断基準

さて、審判所はどう判断したでしょうか？

まず、審判所としても、このタックスアンサーは、課税実務上の取扱いとして相当であると認めました。すなわち、騒音などの事情により利用価値が著しく低下している宅地のネダンについては、基準となる1㎡当たりのネダンがその事情を考慮してつけられたものでない場合に限り、その宅地固有の客観的な事情があるということで、ネダンを1割引にするべきだと考えたわけです。

本件では、基準となる1㎡当たりのネダンは、騒音を考慮してつけられたものではありませんでした。そこで、騒音により利用価値が著しく低下している宅地としてネダンを1割引にするべきかどうかは、①騒音が生じているかどうかと、②騒音により宅地の取引金額が影響を受けるかどうかで判断すべきとしました。

■騒音の発生状況と取引金額への影響

次に、審判所は、騒音の発生状況を検討しました。この点に関し、環境省は、鉄道の騒音に関する公的な基準として指針や測定マニュアルを示しており、騒音の基準値や測定方法を定めています。それで、納税者の騒音の測定データや測定方法を、この公的な基準と照らし合わせて検証しました。

その結果、納税者が測定した騒音の数値は、公的な基準の基準値を上回っていました。また、納税者の騒音の測定方法は、公的な基準に完全に準拠するものではないものの、不合理なものとまではいえないので、測定データは信用できると判断しました。

さらに、過去に線路沿いの宅地から2㎞離れた場所で実施された公的な騒音実態調査における測定データでも、騒音の数値は公的な基準の基準値を上回っていました。また、審判所が自ら現地調査を行ったところ、列車通過時には普通の会話が聞こえづらくなる程度の騒音がありました。

これらの測定データ等から、審判所は、線路沿いの宅地においては、列車走行により、公的な基準の基準値を上回る相当程度の騒音が日常的に発生していたことを認めました。

取引金額への影響については、固定資産税を課すための基準として市町村長が定めた線路沿いの宅地のネダンも、鉄道の騒音を考慮して1割引にされていたため、鉄道の騒音により線路沿いの宅地の取引金額が影響を受けていると判断しました。
こうして、審判所は線路沿いの宅地のネダンを1割引にするべきだと結論づけたのです。

＼見解の相違を解消するヒント／

■モノのネダンの決まり方

相続により取得したモノのネダンは、一般に、相続が開始した時における時価、すなわち、客観的な交換価値とされています（相法22）。しかし、客観的な交換価値といっても、その決め方によって変わってきます。

そのため、税務当局は、モノのネダンの一般的な基準を通達という形で定めており、原則として、通達に定める画一的な方法によって、モノのネダンを決めることとしています。それゆえ、納税者が通達とは異なる方法でモノのネダンを決めるべきだと主張しても、特別な事情がない限り、認められません。

もっとも、モノのネダンを決めるに当たっては、ネダンに影響を及ぼすべきすべての事情を考慮することが通達にも明記されています。タックスアンサーは、まさに、ネダンに影響を及ぼすべき騒音などの事情を考慮する方法を具体的に示したものといえます。

■客観的なデータに基づく説明が効果的

以上を踏まえると、納税者としては、鉄道の騒音を考慮してネダンを下げたいのであれば、タックスアンサーと同じ土俵の上で議論をするのが有益でしょう。しかし、どのようにして騒音の発生状況や取引金額への影響を示せばよいのかということは、タックスアンサーには何も書いてありません。つまり、ここから先は、騒音の発生状況や取引金額への影響について、いかに合理的で説得力のある説明をすることができるかの勝負ということになるわけです。

本件では、納税者が客観的なデータを提示し、公的な基準と比較して、騒音の発生状況や取引金額への影響について具体的に説明したことが、功を奏しました。このように、公的な基準と比較しながら、客観的なデータに基づいて説明すると、説得力が増し、特に効果的といえるでしょう。

裁決例⑲

対価を支払わないで利益を受けたか？

令和3年7月12日裁決・裁決事例集Ｎｏ．124

＜納税者がもらった財産＞

■納税者名義の証券口座にカネを入金した

「アンタ、おカネをワタシの口座に入れとくわよ。いい株があるんだから」
「分かった、分かった。任せるよ」

今回の納税者は、平成29年2月に亡くなった夫の妻です。納税者は、平成27年3月、夫名義の銀行口座からまとまったカネを出金して、納税者名義の証券口座に入金し、株式や投資信託を購入しました。夫は、同年8月に病院に入院しました。

納税者は、口座を開設した金融機関の担当者から確定申告すれば税金が還付されると教えられました。そこで、購入した株式や投資信託の配当を自分の所得として、平成27年分と平成28年分の所得税の申告をしました。

また、夫が亡くなった後の当初の相続税の申告では、証券口座に入金したカネを原資とする財産を相続により取得した財産に含めていませんでした。
問題は、このカネを納税者名義の証券口座に入金した時に、納税者が夫から贈与されたものとして、贈与税が課されるかどうかです。

夫婦間のカネの出金・入金

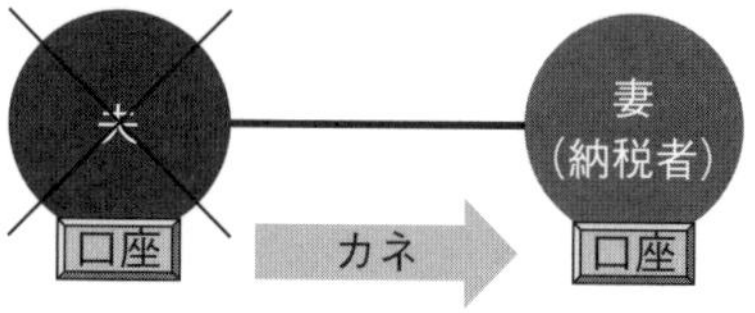

■対価を支払わないで利益を受けた場合

贈与税は、一般にヒトが他のヒトから財産を贈与された場合に課されます（相法21）。しかし、贈与された場合でなくても、対価を支払わないで利益を受けた場合は、その利益に相当する金額を贈与されたものとして、贈与税が課されます（相法9）。

形式的には贈与されていなくても、実質的にみて贈与を受けたのと同様の経済的利益を受けている場合は、税負担の公平を図るために、その経済的利益を贈与されたものとして、贈与税を課す必要があるからです。

対価を支払わないで利益を受けたかどうかについては、対価を支払ったかどうかを実質的に判定し、経済的利益を受けさせた者の財産の減少と、贈与と同様の経済的利益の移転があったか否かにより判断することとされています。

本件では、納税者が対価を支払わないで利益を受けたといえるかが問題となりました。

〈税務当局が下した処分〉

■対価を支払わないで利益を受けたとして処分

「納税者は、自分の判断で株式や投資信託を購入して運用していますね」

「株式や投資信託の配当も自分の所得として申告してるから、これは間違いないな」

税務当局は、納税者が証券口座に入金したカネの運用実態について、金融機関の担当者にも問い合わせて調べました。その結果、夫の意向に拘束されることなく、納税者自身の判断に基づいて株式や投資信託の取引を行っていることが判明しました。

これは、納税者自身が証券口座に入金したカネは自分のカネという認識を持っていたからに違いない。このカネを原資として購入した株式や投資信託の配当を自分の所得として所得税の申告をしていることがまさにそれを裏付けている、と税務当局は考えました。

さらに、納税者はこのカネに見合う額を夫に返還したことはありませんでした。そこで、夫はこのカネに見合う経済的利益を失い、他方で、納税者はこのカネに見合う経済的利益を受けたものといえるとして、税務当局は贈与税を課す処分を下しました。

時系列のイメージ

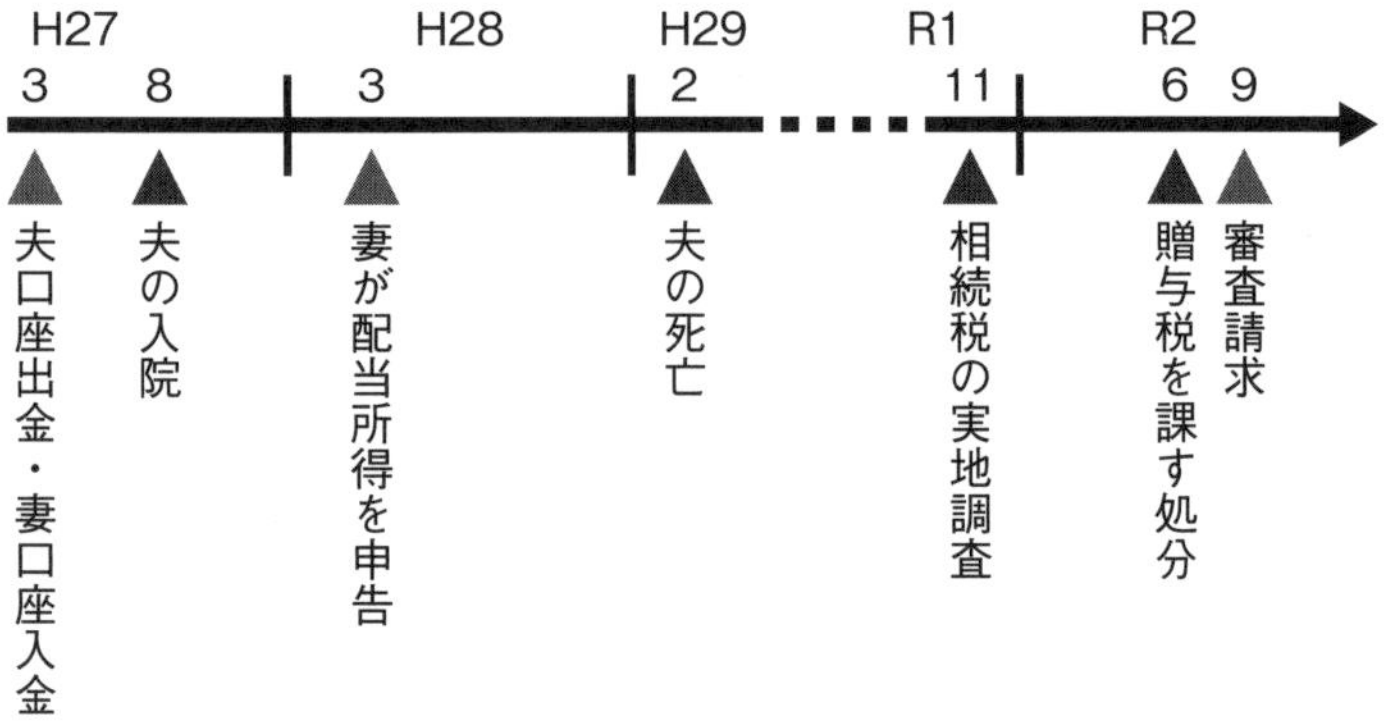

■夫の財産を管理していただけなのに……

「夫の財産を管理していただけなのに、なんでワタシがもらったことになるのよ！」

納税者は、確かに証券口座に入金したカネの管理・運用に関する手続を自分でやっていましたが、夫から任されて、夫の代わりに財産を管理・運用していたつもりでした。

そうすると、証券口座に入金したカネの帰属が夫から納税者に移転したわけではないので、納税者はこのカネに見合う経済的利益を受けたとはいえません。そこで、納税者は審査請求に踏み切りました。

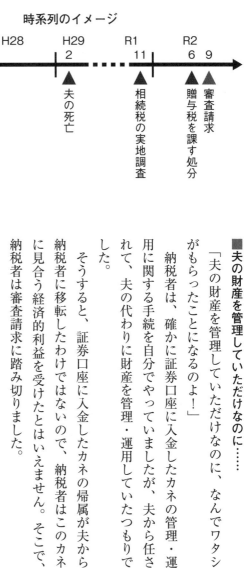

〈審判所が示した判断〉

■夫婦間における財産の帰属の判定基準

さて、審判所はどう判断したでしょうか？

審判所は、まず、対価を支払わないで利益を受けたかどうかの判定に当たり、夫名義の銀行口座から納税者名義の証券口座にカネを入金した時に、納税者にカネの帰属が移転したか否かを検討する必要があると考えました。

一般に財産の帰属の判定において、その財産の名義が誰であるかは重要な一要素となり得ます。もっとも、我が国において、自己の財産をその扶養する家族名義の預金等の形態で保有することは珍しいことではありません。

また、財産の帰属の判定において、財産の管理及び運用を行った者が誰であるかも重要な一要素となり得ます。しかし、特に夫婦間においては、一方が他方の財産を、その包括的同意を得て又はその意向を忖度して管理及び運用することはさほど不自然なものとはいえません。

そうすると、夫婦間における財産の帰属については、①その財産又はその購入原資を出した者、②その財産の管理及び運用の状況、③その財産の費消状況等、④その財産の名義を有することとなった経緯等を総合考慮して判断するべきだ、と審判所は考えました。

■夫の財産を管理・運用していたと判断

次に、審判所は、納税者名義の証券口座に入金されたカネが夫婦のどちらに帰属するかを検討しました。このカネは夫名義の銀行口座から出金されているので、夫が出したものであることは明らかでしたが、納税者が主体的にカネの管理・運用を行っていたことも確かでした。

もっとも、納税者は、このカネに限らず、以前から夫の給与等を含め家計全般を管理しており、夫名義の銀行口座も管理していました。また、夫が入院する必要があったので、納税者が、夫から包括的同意を得た上で、その財産を主体的に管理・運用していたということも、あながち不自然とはいえませんでした。そのため、カネの管理及び運用状況は、その帰属の判定を左右するほどではありませんでした。

また、納税者は、このカネを原資とした財産を私的な用途で費消したことはなく、専ら家計を維持するために夫の財産を管理・運用していました。そして、夫は、平成27年8月に入院したことから、納税者は、夫名義の銀行口座のカネを管理・運用する便宜のために、納税者名義の証券口座に入れたのだとしても不自然とはいえませんでした。

なお、納税者は、平成27年分と平成28年分の所得税の申告は、金融機関の担当者の教示に従い深く考えずに行ったものだとして、その後、証券口座に入金したカネは引き続き夫に帰属することを前提に、両年分の所得税と相続税の修正申告をしました。そのため、証券口座に入金したカネの帰属との関係では、当初は株式や投資信託の配当を自分の所得として所得税の申告をしていた事実をことさら重要視すべきではないと判断されました。

以上から、審判所は、証券口座に入金したカネは夫に帰属するものであるから、入金により納税者に贈与と同様の経済的利益の移転があったとはいえないとして、贈与税を課す処分を取り消しました。

〈見解の相違を解消するヒント〉

■さまざまな事情を総合考慮して判断する場合

税務では、本件のように、さまざまな事情を総合考慮して判断すべきとされることがままあります。そんなとき、納税者としては、判断基準が曖昧なので、あれこれ思い悩むことになりがちです。特に、納税者にとって有利な事情も不利な事情もあるようなケースでは、難しい判断を迫られることもあります。

もっとも、判断基準が曖昧ということは、逆にいうと、納税者が泳げる余地が大きいということでもあります。つまり、目の前の事実関係をもとに、ロジックとレトリックを総動員して、いかに分かりやすくレフェリーに説明するかがポイントになるというわけです。

■夫婦間の財産管理の経験則を上手に活用した

本件では、我が国の夫婦間においては、妻が家計を維持するために夫の給与等を妻名義の口座で管理・運用することも珍しいことではないという（伝統的な）経験則をうまく活用したのが決め手となりました。

納税者は、夫名義の財産も納税者名義の財産も特に区別することなく管理・運用しており、また、私的に財産を費消していたわけでもありませんでした。それゆえ、我が国の夫婦間における財産管理の経験則が本件にもそのまま当てはまるというように、レフェリーである審判所に分かりやすく説明できました。

その結果、当初は株式や投資信託の配当を自分の所得として所得税の申告をしていたという不利な事情は目立たなくなりました。

裁決例⑳

カネに換えられる？　換えられない？

令和２年１月20日裁決・裁決事例集Ｎｏ．１１８

〈納税者が行った取引〉

■カフェテリアプランのポイント付与

「財形貯蓄でもポイントが使えるんだ。おトクだね」

今回の納税者は、社員のためにカフェテリアプランを設けている製造業の会社です。このカフェテリアプランは、毎年４月１日に在籍している全ての社員に、20ポイントを付与するものです。１ポイントは１０００円相当とされています。ポイントの有効期限は、翌年３月31日までで、繰越しはされません。

このカフェテリアプランには、人間ドックを受診した際の費用を補助する「人間ドック補助」や、スポーツ施設を利用した際の費用を補助する「スポーツ施設利用料補助」や、財形貯蓄をした際の積立金を補助する「財形貯蓄補助」などのメニューが設けられています。

社員は、各メニューから好きなものを選べます。費用や積立金を支払った後で使用ポイント

メニューの例

メニュー名	内容	課税／非課税
人間ドック補助	人間ドックを受診した際の費用を補助する	非課税
スポーツ施設利用料補助	スポーツ施設を利用した際の費用を補助する	課税
財形貯蓄補助	財形貯蓄をした際の積立金を補助する(※)	課税

※財形貯蓄とは、社員が給与からの天引きで貯蓄をすることができる制度をいいます。

数を申請すれば、そのポイント数に相当するカネが支払われるのです。

会社が社員に対し給与を支払うときは、会社は、その支払の際に、給与に課される所得税を集めて国に納める必要があります。この給与には、カネではなくモノで支給される給与や、経済的な利益も含まれますが、社員の福利厚生に係る費用とされれば、所得税は課されません。

本件で問題となったのは、社員が「人間ドック補助」を選んだときの経済的な利益について、所得税が課されるかどうかです。

■税務当局の質疑応答事例

税務当局は、似たようなカフェテリアプランに関する質疑応答事例において、社員に付与されるポイントに係る経済的な利益については、原則として、社員がそのポイントを利用してサービスを受けたときに、そのサービスの内容によって所得税が課されるかどうかを判断することになると説明していました。

例えば、「人間ドック補助」に係る経済的な利益は、社員の健康管理のために一般的に実施される福利厚生に係る費用とされ、所得税は課されません。

しかし、「スポーツ施設利用料補助」に係る経済的な利益は、社員個人が負担すべきものを会社が補てんしているので、所得税が課されるという具合に判断されます。

ただし、ポイントをカネに換えられるカフェテリアプランは、例外的に、サービスの内容に関わらず、全てのサービスについて所得税が課されることとされています。

〈税務当局が下した処分〉

■「人間ドック補助」を非課税としていた

「ウチのカフェテリアプランは、質疑応答事例と同じだよね」

納税者は、自社のカフェテリアプランの取扱いは、税務当局の質疑応答事例の原則的な取扱いと同じで良いと考えました。そのため、「人間ドック補助」に係る経済的な利益については、所得税が課されないものと取り扱いました。

他方、「スポーツ施設利用料補助」や「財形貯蓄補助」に係る経済的な利益については、所得税を集めて国に納めていました。

時系列のイメージ

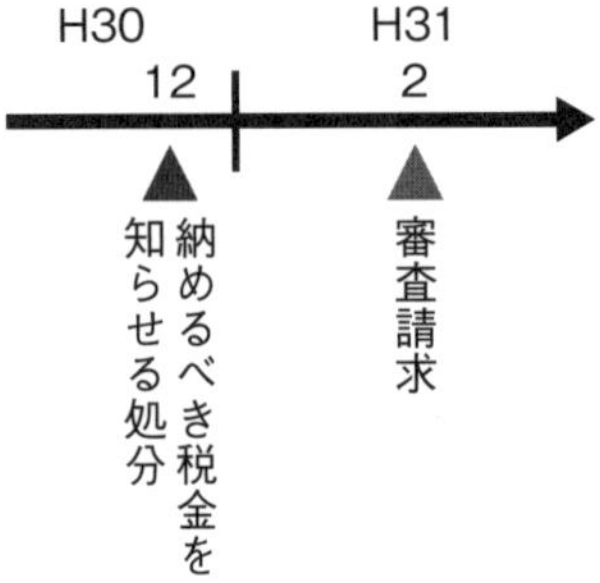

■納めるべき税金を知らせる処分

「要は、ポイントをカネに換えられるってことじゃないのか?」

税務当局は、納税者のカフェテリアプランのうち、「財形貯蓄補助」に注目しました。

「これを選べば、社員から申請された使用ポイント数に相当するカネが支払われるわけでしょう。結局、社員は、ポイントをカネに換えることを選択できるよね」

税務当局は、これはポイントをカネに換えられるカフェテリアプランだと考えて、「人間ドック補助」に係る経済的な利益についても所得税を課すべきと判断し、納税者に対し、納めるべき税金を知らせる処分をしました。

しかし、納税者は、ポイントをカネに換えられるカフェテリアプランとは思ってもみませんでしたので、納得がいきません。

そこで、審査請求をしました。

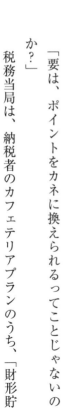

〈審判所が示した判断〉

■質疑応答事例のココロは何か

さて、審判所はどう判断したでしょうか？

まず、ポイントをカネに換えられるカフェテリアプランは、例外的にすべてのサービスについて所得税が課されることとした質疑応答事例のココロは何かを検討しました。

そして、そのココロは、カフェテリアプランのメニューの中に、無条件にカネや商品券を受け取ることを選べるメニューや、自由に受け取るモノを選べるメニューがある場合には、結局のところ、会社が社員全員に対してカネを支払うのと同じだというところにあると読み解きました。

実は、税務当局は、所得税を課さない経済的な利益について通達を定めています。例えば、会社が社員のレクリエーション行事の費用を負担することにより、社員が受ける経済的な利益については、一般に所得税を課さないものとされています（所通36－30）。

ただし、自分の都合でレクリエーション行事に参加しなかった社員に対してその参加に代えてカネを支払う場合は、参加した社員との関係でも、所得税を課すこととしています。その場合は、社員が行事に参加しないでカネを受け取ることを選べるので、結局、社員全員に対してカネを支払うのと同じといえるからです。さすがに、自由に使えるカネを支払うのと同じような場合にまで、所得税を課さないのは無理があるということになるでしょう。

審判所は、上記の質疑応答事例のココロについて、この通達のココロと相通じるものがあると判断したのです。

■ココロを踏まえて同じかどうかを検討

次に、審判所は、この質疑応答事例のココロを踏まえて、納税者のカフェテリアプランは質疑応答事例と同じといえるかどうかを検討しました。

問題の「財形貯蓄補助」は、ある期間内に財形貯蓄をした社員に対して、それを補助するサービスとして、積立金の範囲内で申請した使用ポイント数に相当するカネが支払われるというものであり、無条件にポイントをカネに換えられるものではありませんでした。

そして、「財形貯蓄補助」以外についても、無条件にカネや商品券を受け取ることを選べるメニューや、自由に受け取るモノを選べるメニューはなく、いずれも一定の条件を満たさなければサービスを受けられないものでした。また、社員がサービスを受けずに残ポイントがある場合においても、その残ポイント数に相当するカネが支払われることはありませんでした。

したがって、納税者のカフェテリアプランは、ポイントをカネに換えられるものではないので、質疑応答事例と同じと判断したのです。つまり、そのサービスの内容によって所得税が課されるかどうかを判断すればよく、「人間ドック補助」に係る経済的な利益については、所得税は課されないと結論づけました。

〈見解の相違を解消するヒント〉

■役に立つ質疑応答事例

税務当局は、数多くの質疑応答事例をホームページで公表しています。このカフェテリアプランに関する質疑応答事例も、その一つです。これらの質疑応答事例と同じケースであれば、同じ結論になるはずですので、税務の現場ではとても役に立ちます。

しかし、中には、目の前のケースが質疑応答事例と同じかどうか、必ずしもはっきりしないことがあります。ポイントをカネに換えられるカフェテリアプランかどうかが問題となった本件のように、質疑応答事例のコトバのみを手掛かりに判断しようとしても、答えを出しにくい場合があるのです。

そういう場合は、ともすればお互いに決め手に欠ける水掛け論になってしまいがちですが、そんなときに見解の相違を解消するヒントとなるのが、質疑応答事例のココロです。

■ココロが決め手となる場合

本件では、納税者は、無条件にカネを受け取ることを選べるかどうかが、ポイントをカネに換えられるかどうかの決め手になることを、質疑応答事例のココロを踏まえて主張しました。そして、それが納税者の勝因となりました。

質疑応答事例は、もともと税金のルールそのものではありません。あくまでも一つのケーススタディであり、いってみれば、税金のルールのココロをある事例をもとに表現したものに過ぎません。コトバだけを頼りに判断することが難しい場合が、どうしても出てきます。

そんなときは、税金のルールに関する法令や通達のココロを参考に、質疑応答事例のココロは何かを読み解く必要があります。そして、そのココロを踏まえて、目の前のケースが質疑応答事例と同じかどうかを判断することが大切といえます。

第Ⅲ章

最新の裁決例が解き明かす勝負を決めた５つの視点

勝負を決めた5つの視点

1	契約書の判子が推理の出発点
2	相手方の話と合致しているか
3	客観的事実と符合しているか
4	納税者の自白は誤認の元となる
5	当を得た経験則は武器になる

第Ⅱ章では、最新の裁決例を20件取り上げて、見解の相違を解消するヒントを紹介しました。ここからは、第Ⅰ章で提示した事実認定のフレームワークを活用して、20件の裁決例を改めて分析し、勝負を決めた5つの視点について解説します。

それが、①契約書の判子が推理の出発点、②相手方の話と合致しているか、③客観的事実と符合しているか、④納税者の自白は誤認の元となる、⑤当を得た経験則は武器になる、という5つの視点です。

それでは、この5つの視点について、関連する裁決例とともに、順番にみていきましょう。

1 契約書の判子が推理の出発点

第1の視点は、契約書の判子が推理の出発点、です。

税務調査の現場では、納税者が行った取引の有無や内容が問題となることがよくあります。そんなとき、まず着目すべきは、その取引に関する契約書の判子です。

契約書の判子が推理の出発点

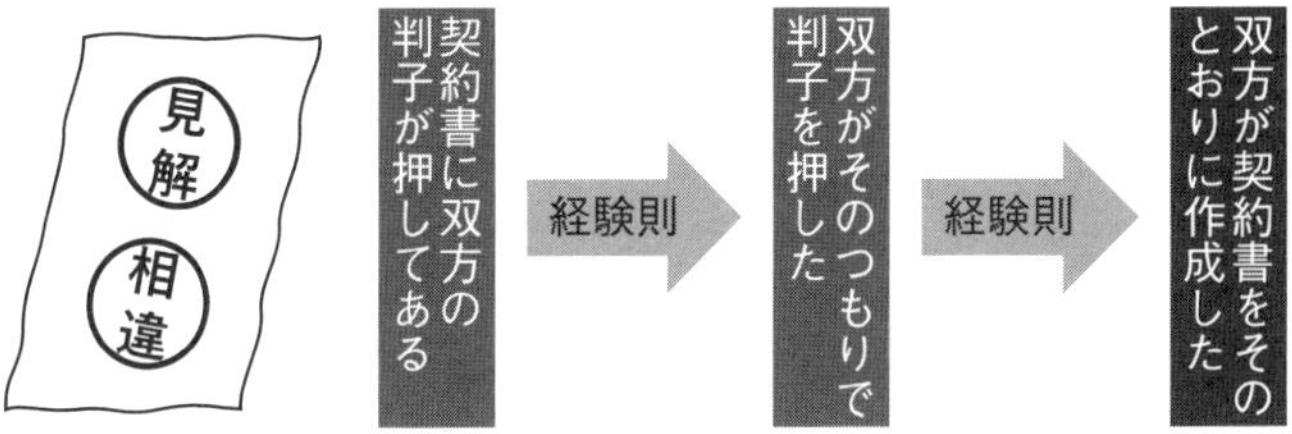

第Ⅰ章で説明したように、契約書に双方の当事者の判子が押されているときは、通常は、双方がそのつもりで判子を押したものと推理することができます。また、双方がそのつもりで判子を押したときは、通常は、双方が契約書をそのとおりに作成したものと推理することができます。そして、契約書は、双方の当事者が意思表示を文書で行ったものなので、双方が契約書をそのとおりに作成したときは、一般に双方が契約書どおりに合意したといえます。

つまり、双方の当事者の判子が押された契約書がある場合は、通常は、双方が契約書どおりに合意したと推理することができるのです。したがって、納税者が契約書どおりに合意したと主張したいときは、双方の当事者の判子が押された契約書が重要な証拠になります。他方、税務当局がその合意を否定したいときは、この推理を覆すような証拠や事実を集めてくる必要があるので、一筋縄ではいきません。

これに対し、双方の当事者の判子が押された契約書がない場合は、契約書だけから双方の合意を推理することはできません。にもかかわらず、納税者が双方の合意があったと主張したいときは、別途、そのような合意の存在を推理することができるような証拠や事実を集めてくる必要があります。合意の存在を認めさせるためのハードルが上がってしまうわけです。

このように、契約書の判子の有無は、証明すべき事実の有無を推理するために必要な証拠や事実を左右するので、推理の出発点として極めて重要です。

裁決例❶（23頁）は、双方の当事者の判子が押された契約書があるケースでした。この裁決例は、第Ⅰ章でも事実認定のフレームワークを当てはめて検討しましたが、納税者は、双方の当事者が契約書どおりに合意したと主張すればよかったので、双方の判子が押された契約書からの推理により、容易に合意の事実があったことを説明することができました。

他方、税務当局は、合意の事実を否定するためには、双方の判子が押された契約書からの推理を覆すような証拠や事実を集めてくる必要があるので、証拠収集にかなり苦労したであろうことが窺えます。結果として、税務当局は、合意の事実を否定できませんでした。

裁決例❷（31頁）は、3社の当事者の判子が押された契約書があるケースでした。第三者の土地の売買収益が誰のものかは、契約書だけでは決まらないとはいえ、3社の判子が押された契約書の定めが重要な手掛かりとなることには変わりありません。納税者としては、契約書上その土地を譲渡する債務を負っている買収会社に収益が帰属すると主張すればよかったので、3社の判子が押された契約書からの推理により、買収会社に収益が帰属することを比較的容易に説明することができました。

これに対し、税務当局は、買収会社の実体やカネの流れに関する証拠や事実を積み上げて、買収会社ではなく、納税者に収益が帰属することを推理しなければならず、やはり証拠収集に相当苦労したようです。そして、結局、税務当局は、買収会社に収益が帰属することを否定しきれませんでした。

裁決例❸（39頁）は、双方の当事者の判子が押された契約書があるケースでした。したがって、納税者は、双方の判子が押された契約書からの推理により、契約書どおりに合意されたことを容易に説明することができました。

この点は、税務当局にとっては看過できない「節税策」を目的とする契約書であっても同じです。「節税策」を目的とする契約書であったとしても、双方の当事者がその契約書の内容を認識した上で判子を押したことには変わりないからです。むしろ、当事者としては、「節税策」を実現させるために、契約書どおりに効力を生じさせることを狙っていることが通常でしょう。

そのため、「節税策」を目的としていること自体は、判子が押された契約書からの推理の妨げにはならないのです。

裁決例❹（47頁）は、双方の当事者の判子が押された契約書がないケースでした。贈与証には、贈与する側の判子しかなく、贈与される側の判子がありません。そのため、納税者としては、贈与証に記載された贈与の合意があったことを明らかにするためには、贈与証以外の証拠や事実からの推理により、贈与を受ける意思表示をしたことを示す必要がありました。

この点に関し、納税者による贈与を受ける意思表示については、実のお母さんがお父さんから依頼を受けて贈与証を保管するとともに、子供名義の口座への入金手続をしていたので、納税者の法定代理人として贈与を受ける意思表示をしていたと推理することができました。しかし、異母兄弟による贈与を受ける意思表示については、それを裏付けるような客観的な証拠の収集が難しかったことが窺えます。

2 相手方の話と合致しているか

第2の視点は、相手方の話と合致しているか、です。

納税者が行った取引の有無や内容が問題となるときに、まず着目すべきは、その取引に関す

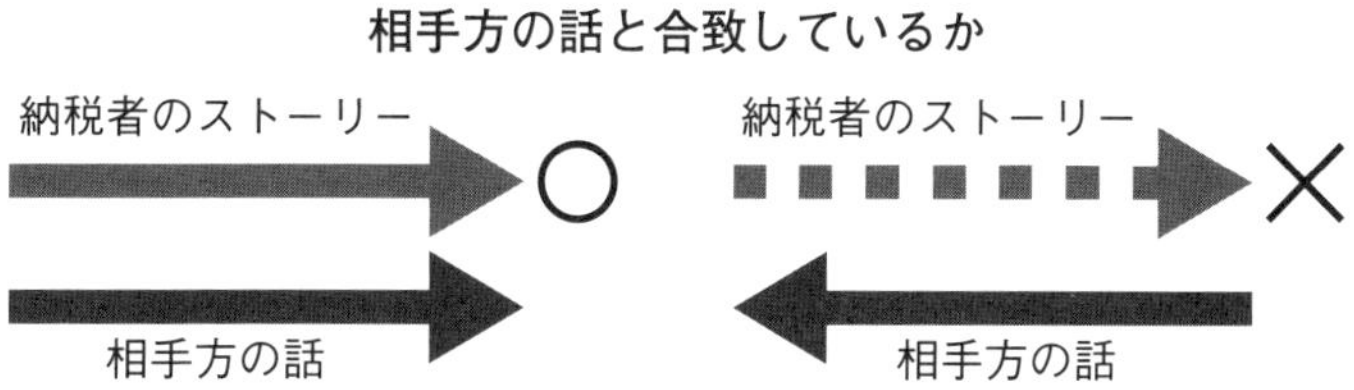

る双方の当事者の判子が押された契約書の内容ですが、次に着目すべきは、その取引に関する納税者のストーリーが、取引の相手方の話と合致しているかどうかです。

特に、その取引に関する納税者のストーリーに沿った契約書がないとき、あるいは、納税者のストーリーが、契約書やそれに基づいて作成された検収報告書や請求書などの記載とちょっと異なっているときは、納税者のストーリーが相手方の話と合致しているかどうかが決定的に重要です。

取引は、相手方との合意に基づくものですから、いくら納税者が雄弁にストーリーを語ったとしても、相手方の話と合致しなければ、ほとんど意味がありません。他方、その取引に関する納税者のストーリーが契約書などの記載とちょっと異なっている場合でも、相手方の話と合致していれば、それが実際の合意内容であると認められる可能性があります。

このように、相手方の話と合致しているかどうかは、納税者のストーリーが正しいかどうかを見極める上で、とても重要な視点といえます。

裁決例❺（56頁）は、納税者のストーリーが契約書に基づいて作成された検収報告書の記載とちょっと異なっているケースでした。納税者のストーリーは、検収報告書には「検収」と書かれているものの、「検収」という言葉は、最終的な成果物ではないバインダーの受領を意味するものと考えていたから、わざとウソの記載をしたわけではないというものでした。しかし、納税者が考える「検収」という言葉の意味は、サービスの提供が完了したことを確認した上で引渡しを受けるという辞書的な意味とは、ちょっと異なっていました。

もっとも、納税者だけではなく、相手方も「検収」という言葉の意味を納税者と同じように考えていたため、納税者のストーリーは、相手方の話と合致していました。そのため、税務当局のストーリー、すなわち、検収報告書上の「検収」という言葉は、サービスの提供が完了したことを確認した上で引渡しを受けるという意味であって、納税者はわざとウソの記載をしたものであるというストーリーを覆すことができました。

裁決例❻（64頁）は、納税者のストーリーに沿った契約書がないケースでした。納税者のストーリーは、納税者の前代表者とA社は、複数の不動産取引を共同事業として手掛けようとしていたので、納税者の前代表者は、A社から請求されれば1億5千万円を支払わなければいけないと考えていたというものでした。しかし、この納税者のストーリーに沿った契約書はありません。

もっとも、A社の担当者は、その当時において共同事業の目論見をメモに残していたので、納税者は、そのメモを証拠として提出することができました。納税者は、A社の担当者のメモがあったので、自らのストーリーがA社の担当者の話と合致していることを客観的に示すことができたというわけです。そのため、納税者の前代表者はわざとウソの経費を計上したという税務当局のストーリーを崩すことに成功しました。

裁決例❼（72頁）も、納税者のストーリーに沿った契約書がないケースでした。納税者のストーリーは、納税者側の弁護士・税理士と、お兄さん側の弁護士・税理士は、弁償金の申告金額について具体的な協議をしていなかったというものでした。納税者のストーリーによれば、弁償金の申告金額に関する契約書はないはずですから、契約書がないこと自体は問題ではありません。しかし、お兄さん側の弁護士・税理士によれば、弁償金の申告金額について合意があったとのことでしたので、これをどう崩すかを考える必要がありました。

納税者は、お兄さん側の弁護士・税理士の話には、納税者のストーリーと合致しない点が含まれているものの、弁償金の申告金額に関し具体的な協議をしていなかった点については、むしろ、納税者のストーリーと合致していることに気づきました。そのため、弁償金の申告金額に関し具体的な協議をしていなかったのに合意があったというのはおかしいと指摘することができました。納税者のストーリーと相手方の話が合致する部分をうまく活用したケースといえるでしょう。

裁決例❽（80頁）は、納税者のストーリーが契約書に基づいて作成された請求書の記載とちょっと異なっているケースでした。納税者のストーリーは、修繕工事に係る費用の額を確認するために修繕会社に対し請求書の発行を依頼しただけであり、請求書の納品日欄に修繕工事の完了日として「3・30」と記載することまでは依頼していないというものでした。しかし、実際には請求書の納品日欄に「3・30」と記載されているので、納税者のストーリーとちょっと異なっているように思えます。

もっとも、相手方である修繕会社の代表者は、納税者から請求書の発行を依頼されたことは認めていましたが、請求書の納品日欄に修繕工事の完了日として「3・30」と記載することを依頼されたことまでは認めていませんでした。つまり、修繕工事の完了日の記載までは依頼していないという点では、納税者のストーリーと相手方の話が合致していたのです。そのため、修繕工事の完了日の記載を依頼したという税務当局のストーリーは崩れてしまいました。

3　客観的事実と符合しているか

第3の視点は、客観的事実と符合しているか、です。

税務調査の現場では、納税者が行った取引の有無や内容以外にも、納税者自身の主観的な目的の有無、税務調査官の発言の有無、元代表が経営に従事していたか、納税者が引き出したカネを使ったかどうかなど、多種多様な事実の有無が問題となります。

このような事実については、契約書のように決定的な証拠が存在しないことが多いため、納税者と税務当局のどちらのストーリーが正しいかを、当事者や関係者の話に基づいて判断することになりがちです。もっとも、ヒトの話には、どうしても、本当にそのヒトの話を信用してもよいのだろうかという疑問がつきまといます。

もしかすると、そのヒトはわざとウソをついているかもしれません。また、わざとウソをつくほどの悪気はなかったとしても、自分の利害が絡むことであれば、無意識のうちに自分が有利な方向に話を盛ってしまっているかもしれません。自分の利害が絡まない第三者の話だったとしても、過去の事実に関するヒトの記憶は当てにならないことが多いものです。その話に当時の記憶が正確に反映されているかが怪しい場合もあるでしょう。

客観的事実と符合しているか

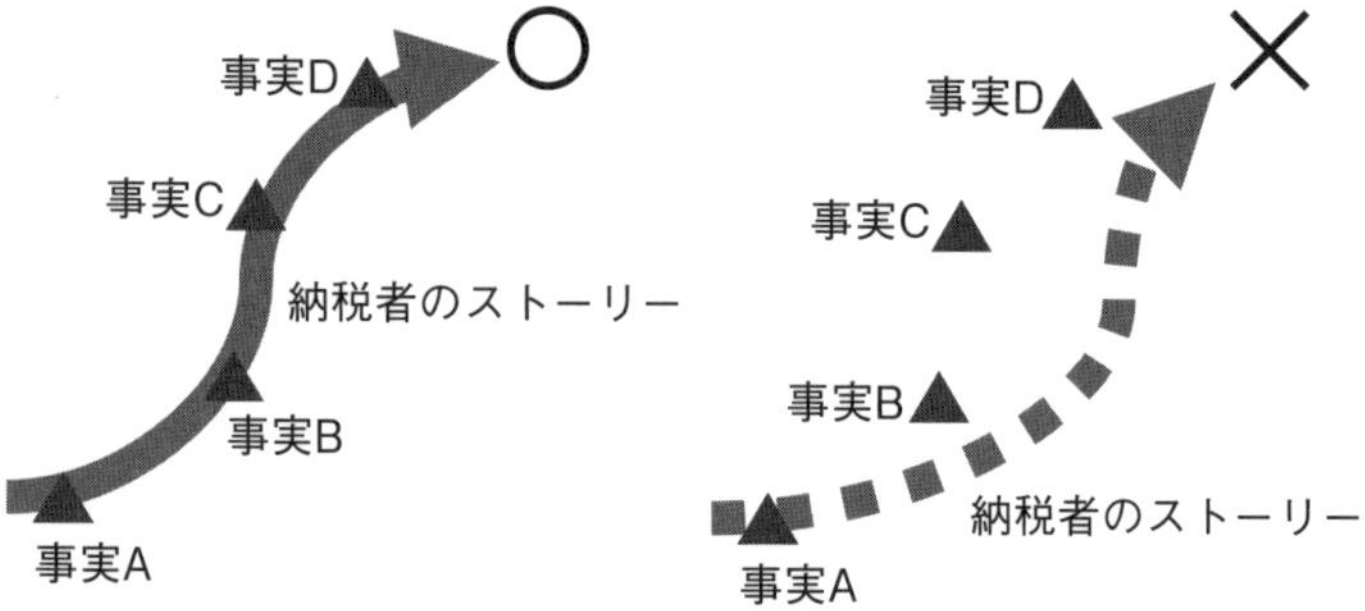

そのため、どちらのストーリーが正しいかをヒトの話をベースに判断せざるを得ないような場合は、必ず、そのストーリーが、カネの流れなどの客観的な動かし難い事実と符合しているかどうかを確認して、裏を取る必要があります。

裁決例❾（89頁）は、納税者自身の主観的な目的が問題となったケースでした。納税者のストーリーは、自らが雇用する医師への給与等に充てるために病院から協力金の支払を受けていたというものでした。ここでは、自分自身の主観的な目的が問題となっているので、まずは、自分の話をベースにして、納税者のストーリーが正しいかどうかを判断してもらうことになるでしょう。

もっとも、自分自身の利害が絡むので、自分の話だけではなかなか信用してもらえません。そこで、納税者は、病院からの協力金がそのまま実際に医師への賞与として支払われていることを客観的なカネの流れとして示しました。その結果、納税者のストーリーが、カネの流れという客観的な動かし難い事実と符合していることが明らかになり、正しいことが認められました。

裁決例❿（97頁）は、税務調査官の発言の有無が問題となったケースでした。納税者のストーリーは、税務調査官から実地調査の電話連絡を受けた際に、譲渡人との取引に係る所得税を調査対象としていることを伝えられていないというものでした。他方、税務当局のストーリーは、その電話連絡の際に、それを調査対象としていることを伝えたというものでした。双方のストーリーは真逆ですが、電話における発言の有無が問題となっているので、録音でもしていない限り、いずれのストーリーが正しいかを裏付けるような直接的な証拠はありません。もっとも、その電話連絡の後、税務調査官が提出するよう依頼した税務代理権限証書（委任状）の調査対象には、譲渡人との取引に係る所得税が含まれていませんでした。この動かし難い事実は、その電話連絡の際に、譲渡人との取引に係る所得税を調査対象としていることを伝えたという税務当局のストーリーとは明らかに符合しません。そのため、納税者は、税務当局のストーリーを崩すことに成功しました。

裁決例⓫（１０５頁）は、元代表が納税者の経営に従事していたかどうかが問題となったケースでした。納税者のストーリーは、元代表者が辞めた後は、元代表者は納税者の経営には従事していないというものでした。他方、税務当局のストーリーは、辞めた後も元代表者が引き続き納税者の経営に従事しているというものでした。納税者の経営の実態に関する事実が問題となっているので、直接的な証拠で固めるのは、容易ではありません。

そのため、税務当局のストーリーは、結局、Sの話をベースにしたものになってしまいました。しかし、Sは納税者グループと敵対関係にありました。しかも、Sの話は、客観的な動かし難い事実と符合するものではありませんでした。税務当局のストーリーが否定されたのは当然のことといえるでしょう。

裁決例⓬（113頁）は、納税者が引き出したカネを使ったかどうかが問題となったケースでした。納税者のストーリーは、自分が引き出したカネを封筒に入れたまま使わずに残していたというものでした。これに対し、税務当局のストーリーは、納税者が引き出したカネを生活費などに使っていたというものでした。納税者自身が引き出したカネを一部でも使ったかどうかという、納税者しか知り得ないような事実が問題となっているので、まずは、自分の話をベースに納税者のストーリーが正しいかどうかを判断してもらうしかありません。

もっとも、自分自身の利害が絡むので、自分の話だけではなかなか信用してもらえないでしょう。そこで、納税者は、直前に自分名義の預金を解約していたことにより、まとまったカネが手元にあったから、その後引き出したカネを生活費などで使う必要がなかったことを示しました。この動かし難い事実は、納税者のストーリーと符合するものといえます。そのため、納税者のストーリーが正しいことが認められました。

４　納税者の自白は誤認の元となる

第４の視点は、納税者の自白は誤認の元となる、です。

納税者の自白とは、ここでは、納税者自身が税務上不利になるような事実を認めたこととお考え下さい。裁決例の中には、納税者の自白に基づいて課税処分を行ったら、審判所で課税処分が否定されたというケースがままあります。なぜそんなことが起きるのでしょうか？

税務調査の現場では、納税者が認めているのだから間違いないということで、税務当局が納税者の自白に基づいて課税処分をすることが少なくありません。自分に有利なウソをつくことはあっても、通常は、自分に不利なウソはつかないという経験則からすると、納税者の自白は一般に信用できるものであり、あながち間違いではないことが多いでしょう。

しかし、この経験則には例外があります。例えば、納税者が税務上不利になることを理解し

納税者の自白は誤認の元となる

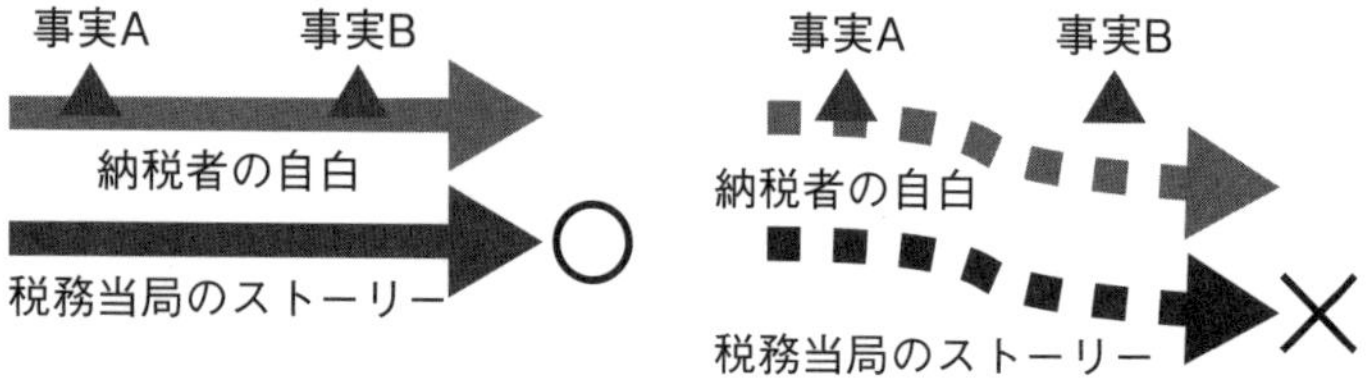

ていない場合は、不利になることを知らずにウソをついてしまうかもしれません。納税者が税務調査官の誘導により税務上不利にならないと誤解している場合も、同様でしょう。

また、納税者の記憶が曖昧であったために、政務調査官に言われるがまま自分に不利な自白をしてしまうこともあり得ます。場合によっては、納税者が、自分の回答の意味をよく理解しないまま、自分に不利な自白をしてしまっているということもあるかもしれません。

このように、納税者の自白は、絶対に正しいというわけではなく、誤っていることもあります。納税者としては、誤った自白をしてしまった場合でも、決して挽回不能というわけではありません。納税者の自白と符合しない客観的な動かし難い事実はないかという目で、改めて問題となった事実関係を見直してみると、突破口が見つかることがあります。

裁決例⓭（122頁）は、納税者が税務上不利になることを理解していなかったケースでした。アパレル商品の輸入申告価格が正しいという納税者の自白は、関税と輸入消費税との関係では有利なウソでしたが、法人税との関係では不利なウソだったのです。しかし、納税者は、そのことを理解していなかったので、目先の税関の調査を切り抜けることだけを考えて、ウソをついてしまったわけです。

もっとも、納税者は、審判所の前では、アパレル商品の輸入申告価格は、仕入会社の請求書に基づいて計算される金額と異なっており、実際に仕入会社に送金された金額とも異なっていることを示しました。このように、輸入申告価格が正しいという納税者の自白と符合しない客観的な動かし難い事実を示すことができたので、納税者の自白に沿った税務当局のストーリーを否定することができました。

裁決例⓮（１３０頁）は、納税者が税務調査官の誘導により税務上不利にならないと誤解したケースでした。納税者は、税務調査官から、お父さんの口座に直接送金していないのであれば、相続により取得した財産の価額から引き受けた債務の額を差し引くことは認められないと言われたので、お父さんに貸していないことを認めても、税務上不利にならないと誤解してしまいました。納税者がお父さんには貸していないという自白をしたのは、そのためだったのです。

もっとも、納税者は、審判所の前では、一貫して、お父さんに５００万円を貸し付けたと説明しました。また、この納税者のストーリーは、信用金庫の融資がとん挫した経緯や、500万円が代金決済日の直前に入金されていることや、契約書の表題に「一時」と付されていることなどの客観的な動かし難い事実とも符合するものでした。そのため、お父さんには貸していないという納税者の自白に沿った税務当局のストーリーは否定されました。

裁決例⓯（138頁）は、納税者の記憶が曖昧であったために、調査官に言われるがまま自分に不利な自白をしてしまったケースでした。もし納税者の記憶がはっきりしていれば、税務調査官から誘導されても、違うなら違うと答えられるでしょう。しかし、記憶がぼんやりしていたので、相続税申告書から死亡共済金の記載が漏れているのを認識していたことを、一旦は認めてしまいました。

もっとも、審判所では、税理士が納税者から相続税に係る資料の提出を受けたとき、追加提出を依頼すべき資料があるかを検討しておらず、納税者に対する具体的な確認もしていなかったことが明らかになりました。また、相続税申告書の作成に当たっても、税理士は納税者にその内容を具体的に説明していませんでした。そのため、税理士に対してことさらに死亡共済金の存在を隠したとする税務当局のストーリーは、税理士の話と必ずしも合致しないとして、否定されてしまいました。

裁決例⑯（146頁）は、納税者が、自分の回答の意味をよく理解しないまま、自分に不利な自白をしてしまったケースといえるかもしれません。納税者は、理由ははっきりしませんが、再調査の請求の際に、「月20万円は家族全員がそれぞれ必要に応じ、食費・外食費・交際費に使用したほか、衣服、書籍、日用品などの購入に充てました」と回答していました。この回答は、住職一家が納税者の財産を私的に使用していたという税務当局のストーリーに沿うものともいえます。

もっとも、納税者の収支を記録したノートには、私的な生活費のために納税者の財産が支出されたことを示す記載はありませんでした。また、この回答は、支出された時期、頻度、金額等の具体的な内容が記載されていない概括的なもので、納税者の業務に必要な支出である可能性もありました。このように、回答と符合するような客観的な動かし難い事実はなく、それ自体必ずしも具体的ではなかったため、この回答は税務当局のストーリーの裏付けにはなりませんでした。

5　当を得た経験則は武器になる

第５の視点は、当を得た経験則は武器になる、です。

当を得た経験則は武器になる

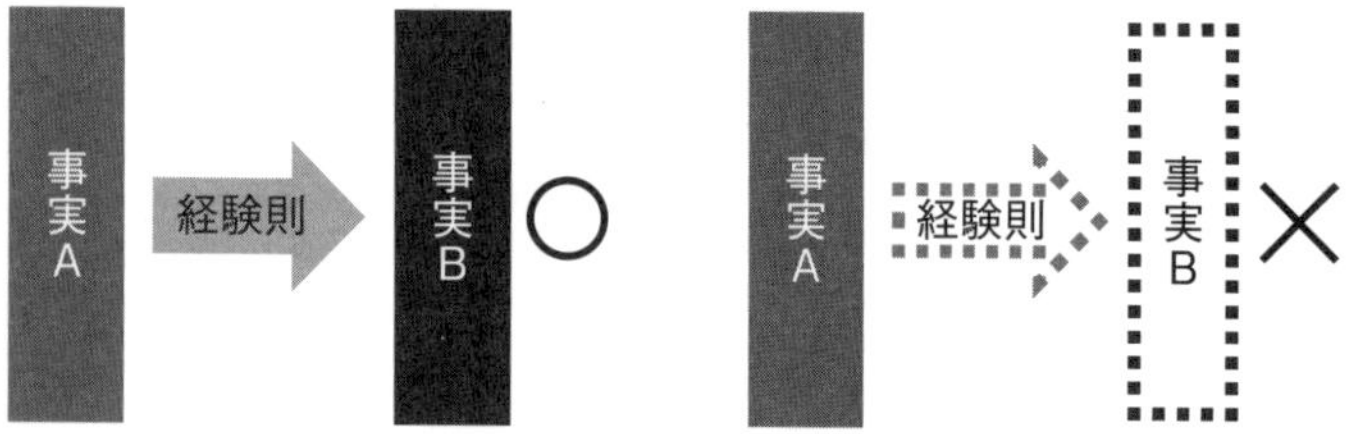

納税者と税務当局のいずれのストーリーが正しいかは、動かし難い事実から推理して検討していくわけですが、現実には、ある事実が動かし難い事実といえるかどうかがはっきりしないことがあります。また、ある事実が動かし難い事実といえるとしても、動かし難い事実の数が少ないために、ストーリーの検証に困ることもあるでしょう。さらに、ストーリーの正しさを検証する上で、プラスに働く事実とマイナスに働く事実が混在していることもあります。

そんなときに活用されるものが、経験則です。現実の混沌とした事実関係の中から、動かし難い事実を抽出し、ストーリーの正しさを検証する過程で用いられるのが経験則、あるいは、推理のロジックというわけです。現実問題として、ストーリーの正しさを検証するために収集することができる証拠や事実には、時間的にも物理的にも限界があります。そのため、そのスキマは、推理のロジックで埋めていくほかないのです。

経験則は、推理力の高いものから低いものまで、千差万別です。また、その推理のロジックが当てはまる場合とそうでない場合とを意識的に区別して用いる必要があります。もっとも、当を得た、納得感のある経験則をうまく用いることができれば、収集することができる証拠や事実の数が少なくても、分かりやすくストーリーの正しさを説明することができますので、納税者にとっても税務当局にとっても、とても強力な武器となります。

民事の事実認定は、徹頭徹尾、経験則の適用であると言われています。ここでは、具体的な裁決例を通じて、当を得た経験則を適用した例をいくつかご紹介しましょう。

裁決例⓱（155頁）は、納税者のビジネスモデルに関する経験則をうまく適用したケースでした。本件では、納税者としては、単に調剤薬品を他の薬局にも一時的に販売することがあったというだけではなく、他の薬局にも継続的に販売するつもりがあったことを客観的に示す必要がありました。しかし、納税者は、毎日のように大量の調剤薬品を仕入れているので、これらの一つ一つについて、他の薬局にも継続的に販売するつもりがあったかどうかの客観的な証拠を示すのは、時間的にも物理的にも限界があります。

そこで、納税者は、厚生労働省のガイドラインにより、地域の薬局間で調剤薬品を融通し合うことにより、迅速に調剤薬品を調達できる体制を講じておくことが、調剤薬局のビジネスモデルに組み込まれていたというように説明しました。そうすると、通常は、仕入れた調剤薬品のうち少なくとも一定数については、他の薬局にも継続的に販売するつもりがあったと客観的に推理することができます。納税者は、反復・継続して行うビジネスモデルに組み込まれているのであれば、通常は他の薬局にも継続的に販売するつもりがあったといえるはずだという経験則をうまく適用したものといえるでしょう。

裁決例⓲（163頁）は、騒音の公的な測定方法や基準に関する経験則をうまく適用したケースでした。本件では、納税者としては、線路沿いの宅地において大きな騒音が日常的に発生していることを客観的に示す必要がありました。しかし、騒音を測定するにしても、その宅地における測定場所や測定時間によってデータは変わるでしょう。測定場所と測定時間を増やせば、より厳密なデータが得られるかもしれませんが、時間的にも物理的にも自ずと限界があります。

そこで、納税者は、環境省が示す公的な測定方法に準じて騒音を測定し、測定した騒音の数値が公的な基準の基準値を上回っていることを示しました。納税者が公的な測定方法に準じた方法で測定しているのであれば、通常は、質・量ともに信用できるデータであると推理することができます。また、測定した騒音の数値が公的な基準の基準値を上回っているのであれば、通常は、大きな騒音が日常的に発生していたと推理することができます。納税者は、公的な測定方法に準じて測定した騒音の数値が公的な基準を上回っていれば、通常は、大きな騒音が日常的に発生しているといえるはずだという経験則をうまく適用したものといえるでしょう。

裁決例⑲（171頁）は、我が国の夫婦間における財産管理の経験則をうまく適用したケースでした。納税者のストーリーは、妻名義の証券口座に入金されたカネは、あくまでも夫に帰属するものであって、妻はその管理・運用を任されていただけというものでした。しかし、妻は、そのカネの運用益を自分の所得として所得税の申告をしてしまっていました。これは、納税者のストーリーとは必ずしも符合しない事実ともいえます。

そこで、納税者は、我が国では、妻が家計を維持するために夫の給与等を妻名義の口座で管理・運用することも珍しいことではなく、本件でも我が国の夫婦間においてありがちな財産管理がなされていただけであって、所得税の申告は誤解に基づくものであったに過ぎないというように説明しました。これは、我が国では、妻が夫のカネを妻名義の口座で管理・運用している場合は、そのカネは引き続き夫に帰属するものだとしても不自然ではないという伝統的な経験則をうまく適用したものといえるでしょう。もっとも、この経験則は、今の若い世代にはもはや通用しないかもしれません。

裁決例⑳（179頁）は、カネを給付するのと同視することができる場合に関する経験則をうまく適用したケースでした。本件では、質疑応答事例だけをみると必ずしも明確ではありませんが、要するに、納税者のカフェテリアプランにおけるポイントの付与が、カネを給付するのと同視することができるかどうかが証明すべき事実になると考えられます。しかし、そうはいっても、具体的にどんなカフェテリアプランにおけるポイントの付与ならカネを給付するのと同視することができるのか、依然としてはっきりしません。

そこで、納税者は、カフェテリアプランには財形貯蓄補助というメニューがあるものの、ポイントを無条件にカネに換えられるわけではないので、カネを給付するのと同視することはできないというように説明しました。確かに、ポイントを無条件にカネに換えられないのであれば、通常は、カネを給付するのと同じとまではいえません。この推理のロジックが分かりやすくて当を得たものだったので、審判所は納税者に軍配を上げたものと考えられます。

第Ⅳ章

見解の相違にお悩みの方へ

第Ⅲ章では、事実認定のフレームワークを活用して、最新の裁決例が解き明かす勝負を決めた5つの視点について解説しました。皆さんの目の前にある見解の相違を解決する糸口は見つかったでしょうか？

税務調査における見解の相違を解消する方法としては、お互いが主張する税額を足して2で割るような方法もあります。税額が小さければ、費用対効果を考えて、それでよしとする考え方もあるでしょう。

しかし、それでは、税務当局としては税額を大きく見せたほうが有利だ、ということになりかねません。より透明性の高いプロセスにより見解の相違を解消するためには、証拠の評価を通じて、客観的・論理的に事実の有無を検証することが必要ではないでしょうか。

私の経験上、納税者が、税務調査において、証拠の評価を通じて客観的・論理的に見解を説明すると、見解の相違の大部分は解消されます。それは、税務当局も、同じ土俵の上で、納税者の見解の当否を検証できるからです。

もっとも、税務調査中に見解の相違を解消することがどうしても難しいときもあります。そんなとき、思い出してほしいことがあります。

それは、税務調査には延長戦があるということです。

税務調査の延長戦

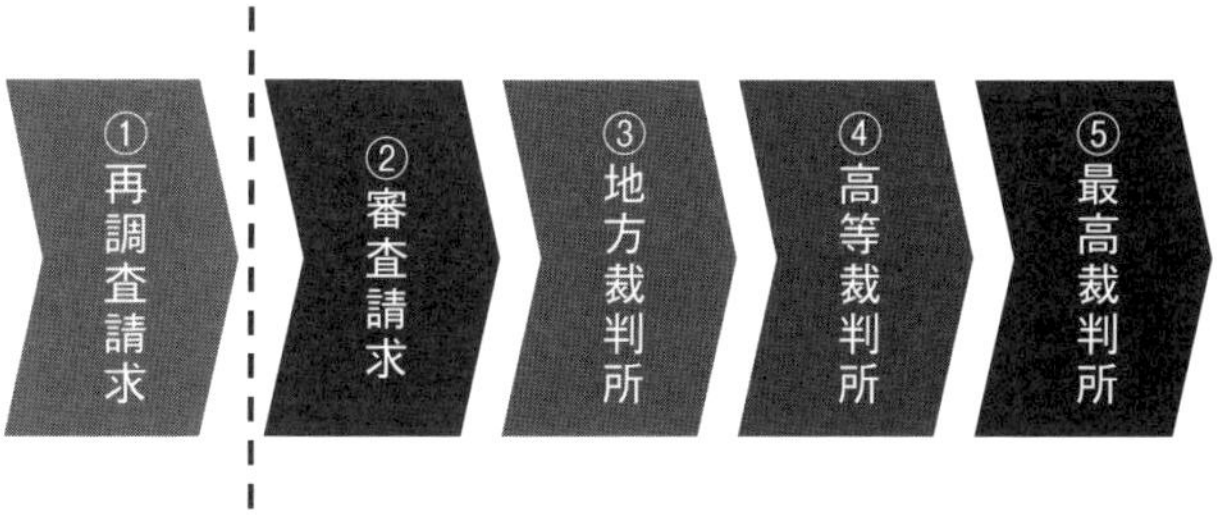

税務調査の延長戦の最初のステップは、所轄税務署・国税局に対する再調査請求です。

再調査請求をすると、税務当局による再調査を経た上で、おおむね3か月程度で決定が下されます。再調査請求をすれば、誤った事実認定を最も早く是正できる可能性があります。

延長戦の次のステップは、審判所に対する審査請求ですが、再調査請求を経ずに、最初から審査請求をすることも可能です。審査請求をすると、反論書等のやり取りが通常3～4回程度行われ、おおむね1年程度で裁決が下されます。審査請求をすれば、誤った事実認定を比較的早期に是正できます。

延長戦の最後のステップは、税務訴訟です。税務訴訟をすると、必要に応じて、地方裁判所、高等裁判所及び最高裁判所において審理され、判決が下されます。審理期間は、おおむね、地方裁判所で1年半、高等裁判所で1年以内ですが、最高裁判所では1年以上かかることもあります。税務訴訟をすれば、誤った事実認定だけでなく、誤った法令解釈を是正することも可能となります。

このように、税務調査には延長戦がありますが、延長戦が長引くと、当然ながら、時間と費用がかさみます。やみくもに延長戦に突入することはお勧めできません。

そこで、税務調査中に見解の相違を解消できないときは、ぜひ、本書で紹介した事実認定のフレームワークを活用して、証明すべき事実が認められるかどうか検証してみてください。

審判所・裁判所と同じ方法で、証拠の評価を通じて、論理的・客観的に事実の有無を検証していくと、おのずと、納税者の見解が認められるかどうかが見えてくるものです。税務調査の延長戦をするかどうかは、もし争えば納税者の見解が認められるかどうかを、証拠の評価を通じて検討してから判断しても遅くはありません。

残念ながら、納税者の見解が認められる可能性がない場合は、延長戦をするまでもないでしょう。他方、見解が認められる可能性があるならば、税務調査の延長戦を通じて、第三者のレフェリーである審判所・裁判所に判断を求めることが考えられます。

目の前の問題について、事実認定のフレームワークを当てはめてみても、納税者の見解が認められるかどうかよく分からない、ということもあるかもしれません。

そんなときは、いつでも筆者にご連絡ください。審判所・裁判所において納税者の見解が認められる見込みについて、随時ご相談させていただきます。

納税者と税務当局の利害がぶつかる税務の執行が、より透明性の高いプロセスにより行われることは、民主国家にとってとても重要な基盤であるはずです。

もっとも、税務調査の現場において、この基盤を確立し、さらに発展させていくためには、税務当局だけでなく、納税者と代理人の努力も必要だと思います。

税務をもっとフェアにするために、一弁護士・税理士としてささやかなお手伝いをすることができれば、望外の幸せです。

【参考文献】

本書の執筆に当たり多数の文献を参照しましたが、ここでは、民事事実認定に関する基本的な参考文献のみを挙げておきます。

司法研修所編『事例で考える民事事実認定』（平成26年：法曹会）
司法研修所編『民事訴訟における事実認定』（平成19年：法曹会）
加藤新太郎『民事事実認定の技法』（令和4年：弘文堂）
加藤新太郎編著『民事尋問技術』第4版（令和元年：ぎょうせい）
土屋文昭・林道晴編『ステップアップ民事事実認定』第2版（令和元年：有斐閣）
田中豊『紛争類型別事実認定の考え方と実務』第2版（令和2年：民事法研究会）
伊藤滋夫『事実認定の基礎』改訂版（令和2年：有斐閣）
田尾桃二・加藤新太郎共編『民事事実認定』（平成11年：判例タイムズ社）

【初出一覧】

1　契約書の判子が推理の出発点

裁決例❶：契約書の定めが出発点　税務弘報２０２１年５月号

裁決例❷：その収益は誰のもの？　税務弘報２０２１年12月号

裁決例❸：確実と認められる債務か？　税務弘報２０２２年９月号

裁決例❹：贈与契約が有効に成立していたか？　税務弘報２０２２年８月号

2　相手方の話と合致しているか

裁決例❺：「検収」の意味には幅がある　税務弘報２０２１年１月号

裁決例❻：知っていた？　知らなかった？　税務弘報２０２１年７月号

裁決例❼：協議があった？　なかった？　税務弘報２０２１年８月号

裁決例❽：ウソの請求書を発行させたか？　税務弘報２０２２年６月号

3　客観的事実と符合しているか

裁決例❾：何のために支払を受けた？　税務弘報２０２１年９月号

裁決例❿：処分を予知して納めたか？　税務弘報２０２２年２月号

裁決例⓫：もう辞めていた？　まだ辞めてなかった？　税務弘報２０２１年10月号

裁決例⓬：法務のルールで決まる場合　税務弘報2021年6月号

4　納税者の自白は誤認の元となる

裁決例⓭：納税者の自白は信用できるか？　税務弘報2022年1月号

裁決例⓮：借入金が存在するかのように装った？　税務弘報2022年5月号

裁決例⓯：外部からも意図がわかるような行動？　税務弘報2022年3月号

裁決例⓰：税負担が不当に減少するか？　税務弘報2022年4月号

5　当を得た経験則は武器になる

裁決例⓱：ビジネスモデルは頼りになる　税務弘報2021年2月号

裁決例⓲：モノのネダンはどう決まる？　税務弘報2021年4月号

裁決例⓳：対価を支払わないで利益を受けたか？　税務弘報2022年7月号

裁決例⓴：カネに換えられる？　換えられない？　税務弘報2021年3月号

なお、本書中、意見にわたる部分は私の意見であり、私が所属する法人の公式見解ではありません。

また、説明の便宜上、裁決例を簡略化しています。

●著者略歴

北村 豊（きたむら ゆたか）
DT弁護士法人
弁護士・税理士・ニューヨーク州弁護士。

税務調査の延長戦を通じて、税務をもっとフェアにすることを目指しています。

受任した多数の税務調査の延長戦で、納税者の見解が認められています。納税者の見解が認められた最近の案件として、CFC税制に関する税務訴訟（2022年）、みなし譲渡所得に関する審査請求（2022年）、法人の受贈益に関する審査請求（2022年）、組織再編成税制に関する審査請求（2021年）等があります。

「見解の相違を解消するヒント」を『税務弘報』69巻１号（2021年）から連載し、『争えば税務はもっとフェアになる』（2020年）等、多数の著書・論文を発表しています。

長島・大野・常松法律事務所、金融庁金融税制室課長補佐、京都大学法科大学院税法事例演習講師、EY弁護士法人創設パートナー等を経て、現在は、DT弁護士法人で、再調査請求・審査請求・税務訴訟サービスの担当パートナーを務めています。

東京税理士会麹町支部研修部員、International Fiscal Association日本支部理事。東京大学（法学士・法学修士）、ミシガン大学（LL.M.）、ニューヨーク大学（LL.M. in Taxation）卒。

連絡先アドレス：yutaka.kitamura@tohmatsu.co.jp

見解の相違を解消するヒント
最新の裁決例が解き明かす５つの視点

2022年12月15日　第１版第１刷発行

著　者　北　村　豊
発行者　山　本　継
発行所　㈱中央経済社
発売元　㈱中央経済グループパブリッシング

〒101-0051　東京都千代田区神田神保町1-31-2
電話　03（3293）3371（編集代表）
03（3293）3381（営業代表）
https://www.chuokeizai.co.jp
印刷／三英印刷㈱
製本／誠製本㈱

＊頁の「欠落」や「順序違い」などがありましたらお取り替えいたしますので発売元までご送付ください。（送料小社負担）

ISBN978-4-502-44761-7　C3034